大美鼓楼

城区向北 越变越美

张新科 —— 编著

中国出版集团有限公司
China Publishing Group Co., Ltd.

研究出版社

图书在版编目(CIP)数据

大美鼓楼 / 张新科编著. -- 北京：研究出版社，2023.3

ISBN 978-7-5199-1434-9

Ⅰ.①大… Ⅱ.①张… Ⅲ.①区(城市) - 文化史 - 徐州 Ⅳ.①K295.34

中国国家版本馆CIP数据核字(2023)第041660号

出 品 人：赵卜慧
出版统筹：丁 波
责任编辑：范存刚

大美鼓楼

DAMEI GULOU

张新科 编著

研究出版社 出版发行

（100006 北京市东城区灯市口大街100号华腾商务楼）
北京隆昌伟业印刷有限公司印刷　新华书店经销
2023年3月第1版　2023年3月第1次印刷
开本：710毫米×1000毫米　1/16　印张：13.75
字数：170千字
ISBN 978-7-5199-1434-9　定价：98.00元
电话（010）64217619　64217652（发行部）

版权所有·侵权必究
凡购买本社图书，如有印制质量问题，我社负责调换。

序言
PREFACE

放眼神州，凡有鼓楼的城市，皆是古韵流长、文脉昌盛之地。鼓楼，是一个充盈着历史感的名词，承载着一个城市厚重的文化积淀，见证着其千百年来的兴衰荣辱，其坐落之地更是一座城市最为人杰地灵和兴旺阜盛之所在。

"轻衫骏马走春风，未识彭城气象雄。青山只在白门外，明月尽属黄楼中。"作为华夏九州之一的历史文化名城徐州，有这样一方令人心驰神往的热土——胜迹遗址星罗棋布，阅尽千帆未随风雨蹉跎；楼阁广厦处处气象恢宏，历经沧桑愈发嵯峨宏阔。这里沉淀了徐州千百年的文华气韵，激荡着现代城市的蓬勃生机。

徐州市鼓楼区，因之雄浑典雅，氤氲千年的楚风汉韵余绪绵长，故是千年古城厚重所在；因之产业兴旺，生机勃勃的壮阔事业日新月异，故是千年古城的希望所在；因之气度雍容，山水俱佳的四时之景珠联玉缀，故是千年古城的大美所在。

美哉鼓楼，彰显着城市的大美风貌。鼓楼有曲水流觞的绵长水

大美鼓楼

系,静静流淌数百年的故黄河、蜿蜒千里而来的大运河、绵亘鼓楼辖域的丁万河,映照着鼓楼的钟灵毓秀之美。鼓楼亦有翠峰叠嶂的起伏山峦,闻名遐迩的古战场九里山绵延横亘区境,尽显鼓楼的气壮山河之美。大美鼓楼的山水之间,处处吟咏着"回首云山青矗矗,黄流依旧绕彭城"的深沉乐章。

美哉鼓楼,含蕴着城市的余韵悠长。巍然矗立的黄楼,锁前横之大河,铸千载之安泰;气度不凡的"五省通衢"牌坊,喟叹着松柏为薪、沧海桑田的岁月变迁,见证着楼宇林立、市井繁盛的鼓楼腾飞;精巧绝伦的龟山汉墓、层层相叠的古彭城城下城等历史遗存,封印了古城的记忆,延续了悠长的文脉。

美哉鼓楼,赓续着城市的繁华富足。引领时尚之先的苏宁广场,打造精致生活的金鹰国际,孕育着淮海经济区最富活力、最具人气核心商圈的郁郁生机;历史文化长廊、城市记忆走廊、生态文

序　言

化绿廊、文化景观画廊，凸显着鼓楼的最美生态和宜业宜居。这里商贾繁盛、企业兴旺，荟萃了都市的现代印记；这里英才辈出、凤集鸾翔，集聚了腾飞的不竭动力。

再多的宏阔篇章也只能直抒胸臆，始终无法穷尽笔者对鼓楼的赞美讴歌。鼓楼之美，于笔者而言，似乎说什么都是冗余的——那些或深埋地下或历经风雨的文物遗存已然诉说了血与火时代的美丽与残酷；而那些沧桑巨变后拔地而起、鳞次栉比的高楼大厦见证了这个最好时代的奋斗与信心。但如何克绍箕裘，继承文化传统，如何砥砺鼓楼人民不负韶华、拼搏奋进，正是当下笔者最想要高声疾呼的。基于如此考量，我们决定编纂这样一部集中呈现鼓楼文化风貌和时代风采的书籍。诚然，这册小书难以历数鼓楼之千年风华，更难尽显鼓楼蕴藉深厚的时代精神，但毕竟是对这片土地的深情回望，是对大美鼓楼的热切颂扬。

大美鼓楼

　　天地有大美而不言，每每从九里山高处俯瞰鼓楼的山水林田和楼宇广厦，确能感受到这样一种伟大而不可言传的感动，这是来自对历史创造者们的衷心礼赞和对大自然的真诚敬畏。

　　大美鼓楼！诚哉斯言！

目录 CONTENTS

第一章　古彭中枢

1.1　初遇鼓楼　　005
　　1.1.1　区境位置　　005
　　1.1.2　建置沿革　　005
　　1.1.3　街道概况　　008
1.2　交通枢纽 　　010

第二章　鼓楼文脉

2.1　五大名楼 　　016
　　2.1.1　鼓楼　　016
　　2.1.2　黄楼　　018
　　2.1.3　牌楼　　021
　　2.1.4　彭祖楼　　023
　　2.1.5　霸王楼　　023

2.2　历史遗珍　　　　　　　　　　　　024

　　2.2.1　西楚故宫　　　　　　　　024

　　2.2.2　九里山古战场　　　　　　025

　　2.2.3　龟山汉墓、龟山汉墓石刻　028

　　2.2.4　宛朐侯刘艺墓　　　　　　029

　　2.2.5　镇河铁牛　　　　　　　　030

　　2.2.6　汴泗交汇　　　　　　　　031

　　2.2.7　徐州文庙　　　　　　　　032

　　2.2.8　城下城遗址博物馆　　　　035

2.3　梵音道影　　　　　　　　　　　　037

　　2.3.1　平山寺　　　　　　　　　037

　　2.3.2　白云寺、白云洞　　　　　038

　　2.3.3　慈济庵　　　　　　　　　040

第三章　山清水秀

3.1　曲水绕城　　　　　　　　　　　　044

　　3.1.1　京杭大运河　　　　　　　044

　　3.1.2　故黄河　　　　　　　　　045

　　3.1.3　丁万河　　　　　　　　　049

　　3.1.4　荆马河　　　　　　　　　052

　　3.1.5　徐新运河　　　　　　　　053

3.2　湖光潋滟　　　　　　　　　　　　054

　　3.2.1　九龙湖　　　　　　　　　054

　　3.2.2　玉潭湖　　　　　　　　　056

3.3　山峦景胜　　　　　　　　　　　　058

目 录

   3.3.1 九里山   058
   3.3.2 龟山   060

第四章 商贸核心

 4.1 中心商圈   065
 4.2 淮海商圈   072
 4.3 鼓楼商圈   073

第五章 产业强区

 5.1 高新技术产业开发区 082
 5.2 产业集群区   084
   5.2.1 云创科技产业园   084
   5.2.2 云创科技产业园三期 085
   5.2.3 鼓楼数字产业园   086
   5.2.4 鼓楼创芯谷   087
   5.2.5 丰树都市工业园   090
   5.2.6 跨境电商产业园   090
   5.2.7 下淀科技产业园   091
   5.2.8 启迪创新创业产业园 092
   5.2.9 鼓楼半导体产业园   093
   5.2.10 睿商龙湖现代商务产业园 094
   5.2.11 徐州创意68产业园   094
   5.2.12 淮海文化科技产业园 095
   5.2.13 淮海智慧科技产业园 098

5.2.14	中煤新能源科创谷	099
5.2.15	鼓楼信息技术产业园	100
5.2.16	中国电子数字经济产业园	101
5.2.17	八里国际家居交易产业园	102

第六章　民生福祉

6.1	**社会治理**	104
6.2	**养老医疗**	108
6.2.1	健康养老	108
6.2.2	卫生医疗	108
6.3	**乐育人才**	110
6.3.1	民主教育集团	111
6.3.2	鼓楼教育集团	112
6.3.3	大马路教育集团	113
6.3.4	中山教育集团	114
6.4	**公共服务**	**115**
6.4.1	鼓楼图书馆	115
6.4.2	鼓楼文化馆	116
6.4.3	新时代文明实践中心	118
6.4.4	国潮汉风·城市书房	119
6.5	**生态宜居**	**123**
6.5.1	龟山探梅园	123
6.5.2	徐州植物园	126
6.5.3	辛山公园	127
6.5.4	楚园	132

6.5.5	欧乐堡海洋极地世界	133

第七章　人文荟萃

7.1	**红色文化**	**136**
7.1.1	"八号门事件"旧址	136
7.1.2	吴亚鲁革命活动旧址	138
7.2	**文学吟咏**	**142**
7.2.1	黄楼抒怀	142
7.2.2	彭祖之叹	150
7.2.3	九里山怀古	153
7.3	**鸾翔凤集**	**156**
7.3.1	鼓楼榜样	156
7.3.2	艺术名家	162
7.3.3	教育名师	165
7.3.4	体育健将	167

第八章　大城小志

8.1	**鼓楼记忆**	**174**
8.1.1	龟山民博馆	174
8.1.2	圣旨博物馆	176
8.1.3	古陶博物馆	178
8.1.4	家风文化馆	179
8.1.5	下淀记忆馆	181
8.2	**鼓楼味道**	**182**

8.2.1	市井食风	183
8.2.2	味道江湖	189
8.2.3	馈赠佳品	195
8.3	**鼓楼匠心**	**199**
8.3.1	民间花灯	200
8.3.2	香包	200
8.3.3	剪纸	201
8.3.4	面塑	202
8.3.5	糖画	203
8.3.6	刺绣	204

后记　　　　　　　　　　　　　　　　　205

第一章

古彭中枢

大美鼓楼

  鼓楼，历史在这里得以珍存，传统在这里得以继承。据记载："唐尧时封陆终氏第三子钱铿于大彭国，是为彭祖，彭祖者彭城是也。"故徐州古称彭城，有2600年的建城史，而古城中心就在今鼓楼辖区之内。

  鼓楼区是徐州的主城区、老城区之一，亦是工业核心区，是淮海经济区规模体量最大、档次最高、最繁华的商贸集中区和知名的人工智能、信息软件及服务外包特色基地。区内有"五省通衢"牌楼、黄楼、九里山古战场、龟山汉墓、京杭大运河、黄河故道等众多历史遗迹和文化景点，交通便利，经贸昌盛，文化底蕴丰厚。

  鼓楼区七次蝉联省双拥模范区，连续十一年被评为省社会治安

▍鼓楼全景

第一章　古彭中枢

鼓楼全景（许晨　摄）

安全区，被列为国家老工业区搬迁改造试点工程，先后荣获全国义务教育基本均衡区、全国基层中医药工作先进区、全国社区治理和服务创新实验区、全国计生优质服务先进区、全国法制县（市）区创建活动先进单位、省知识产权保护试点区、省社区卫生服务先进

大美鼓楼

区、省人口协调发展先进区、省科技进步先进区、省社区教育示范区、省素质教育试验区、省社区残疾人工作示范区、省"六五"普法中期先进区、省学前教育改革发展示范区、省人口与计划生育示范区、法治江苏合格区创建工作先进单位等荣誉称号。

当前，鼓楼区正在鼓足干劲、再上高楼，努力以较小的空间面积实现更大的贡献份额、以较晚的开发时序实现更高的发展层次、

鼓楼全景（许晨　摄）

以较弱的基础条件实现更快的速度和变化，全力争创全国老工业区搬迁改造的典型样板，让"城区向北、越变越美"成为鼓楼新名片。

1.1 初遇鼓楼

1.1.1 区境位置

鼓楼区位于徐州市城区北半部，地理坐标为北纬 30°16'，东经 117°11'。东距连云港220公里，西距郑州349公里，南距南京348公里，北距济南310公里。鼓楼区南临云龙区、泉山区，北至京杭大运河，东枕京沪铁路，西接铜山区，呈东西长方形地带。行政辖区面积80.8平方公里，实际管辖面积72平方公里，总人口近46万人。区内交通便利，京沪、陇海两大铁路干线在境内交会，中国黄金水道——京杭大运河穿境而过，城区至环城高速公路、京沪高铁和徐州观音机场均在半小时车程之内。

1.1.2 建置沿革

1938年5月，徐州市城区被划为4个行政区，今鼓楼区即当时的第一区。

1945年抗日战争胜利后，国民政府沿用4个行政区的建制。1946年废除乡镇建制，徐州市被划为5个行政区。1948年1月，恢复

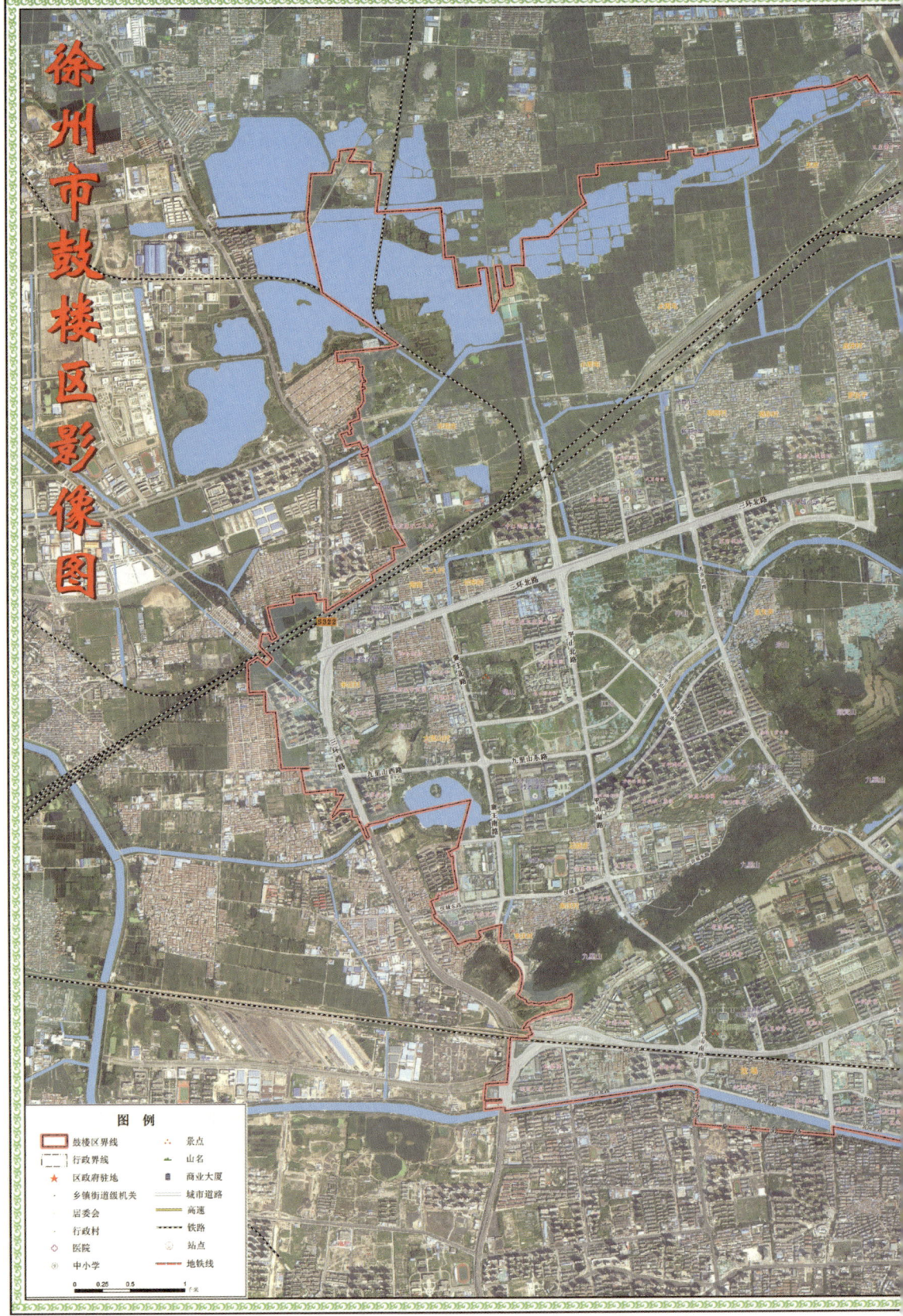

徐州市鼓楼区影像图

鼓楼影像图

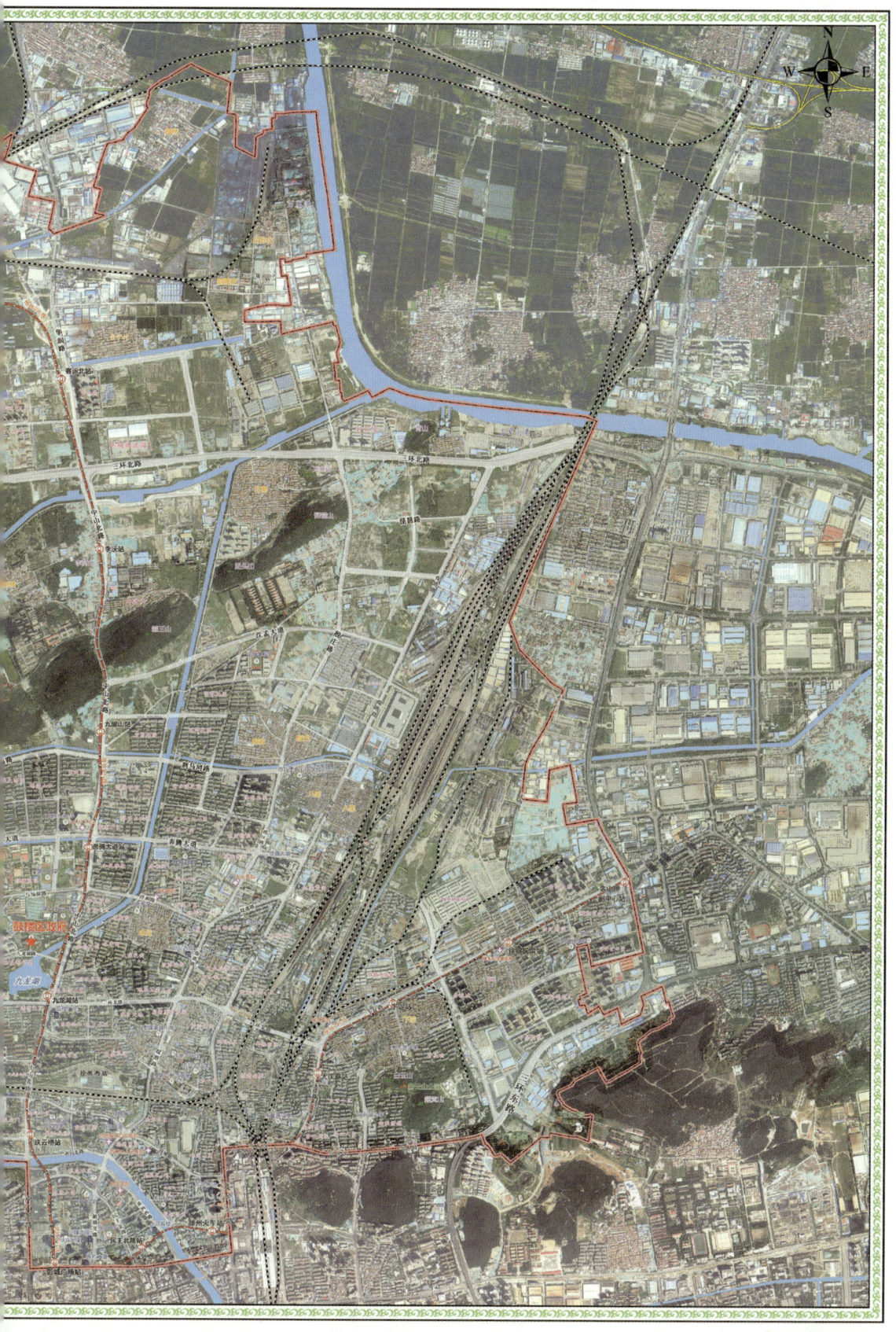

为4个行政区。

1948年12月，徐州解放，仍维持原来的行政区划。

区人民政府始建于1948年12月，当时称徐州市第一区人民政府。1949年8月，根据徐州市人民政府的决定，撤销徐州市第一区人民政府，建立徐州市第一区公所，作为市政府的派出机构。

1951年12月，市政府撤销第一区公所，重建第一区人民政府，并对区划进行调整。区划调整后的管理范围：东由济众桥（现弘济桥）向北沿故黄河南岸至大马路，向东接丰财一街至复兴路，向北过陇海铁路，再沿津浦铁路向北至狮子蕃；南由济众桥（现弘济桥）起，沿淮海路向西至中山路；西沿中山路向北过庆云桥，再折向黄河北岸至九里山火车站；北由狮子庵向西，经八里屯、沈场、红山口、陡山口至九里山火车站。

1955年5月，徐州市第一区人民政府更名为徐州市鼓楼区人民政府。同年7月，区人民政府改称区人民委员会。

1968年5月，鼓楼区革命委员会成立（简称区革会）。次年9月，区革会进行改组，并将鼓楼区更名为延安区，全称为徐州市延安区革命委员会。1980年1月恢复鼓楼区名称后，延安区革命委员会改称鼓楼区革命委员会。同年12月，徐州市鼓楼区革命委员会更名为徐州市鼓楼区人民政府，至今未变。

1.1.3　街道概况

鼓楼区现辖琵琶、黄楼、环城、丰财、牌楼、铜沛、九里、拾屯8个街道，区政府驻牌楼街道九龙湖路。

1. 琵琶街道

位于鼓楼区中北部，东起津浦铁路，西邻九里街道和拾屯街道，南至奔腾大道，北接铜山区，面积17.7平方公里，常住人口5.7万余人。辖宜居、泽惠家园、清水湾、滨河、琵琶花园5个城市社区和殷庄、八里、万寨、琵琶、新台子、李沃6个涉农社区。街道办事处驻红星路1号。

2. 黄楼街道

位于鼓楼区南部，东起复兴北路，西至中山北路，南达淮海东路，北临环城路，面积1.8平方公里，常住人口3.2万余人。下辖永康、万通、白云、大坝头、红杉树、彭校和庆北7个社区。街道办事处驻夹河东街9-2。

3. 环城街道

位于鼓楼区核心地带，东起复兴北路，西至中山北路，南依环城路，北接奔腾大道，面积3.6平方公里，常住人口8.4万余人。辖王场、闸口、环城、煤港、双惠、苏电、华康、银郡、米兰9个城市社区和堤北、朱庄2个涉农社区。街道办事处驻风尚路8号。

4. 丰财街道

位于鼓楼区东北部，东邻徐州经济开发区，南依三环东路，西靠复兴北路，北接琵琶街道办事处，面积9.7平方公里，常住人口7.6万余人。辖三角线、白云山、煤机、徐钢、二七、二九、广山、怡园亭等8个城市社区和下淀、瓦房2个涉农社区。街道办事处驻广山路35-5号。

5. 牌楼街道

位于鼓楼区西北部，是区委、区政府驻地，地处二环北路以北，天齐路以东，徐运新河以西，九里山以南，面积约4.6平方公里，常住人口近3万人。辖华厦、绿健、鼓楼花园、水云间、锦园、雅园、桂园7个城市社区和马场1个涉农社区。街道办事处驻中山北路338号鼓楼生态园一期综合楼。

6. 铜沛街道

位于鼓楼区西部，东起中山北路、天齐路，西至西三环路，南起故黄河，北至九里山，面积7.2平方公里，常住人口近6.1万人。辖凯旋门、西阁、铜建、机场、沈苑、民馨园、植物园、沈场和道北9个社区。街道办事处驻黄河南路68号。

7. 九里街道

位于鼓楼区西北部，地处九里山北麓，东与琵琶街道办事处李沃村接壤，北与拾屯、庞庄街道办事处相邻，西连苏山街道办事处，面积18.8平方公里，常住人口约7.9万人。辖平山口、美尔、孤山北、徐矿城、万科城、九里新苑6个城市社区和九里、孤山、李屯、天齐、刘楼、拾东6个涉农社区。街道办事处驻龟山南路。

8. 拾屯街道

位于鼓楼区北部，西、北接淮海国际港务区，东邻琵琶街道，南连九里街道，总面积14.23平方公里，常住人口近3万人。辖杨东、杨西、周屯、吴屯、薛桥5个行政村和港利上城、铁路宿舍、华美悦澜湾、九里新苑6期4个居民小区。街道办事处驻三环北路。

1.2 交通枢纽

鼓楼区是徐州的枢纽之区，拥有5条铁路专用线，京沪、陇海两大铁路干线在区内交会，坐拥亚洲第二大编组站——徐州北站。黄金水道京杭大运河穿境而过，拥有京杭大运河沿线第一大港——徐州港。区内四纵六横城市主干道和已运行的3条轨道交通（2条在建）让鼓楼区通达四方，中心区距绕城高速入口仅10分钟车程，距高铁站30分钟车程，距徐州观音机场50分钟车程，纵横畅达的铁路、公路、航运、轨道交通构建起现代化立体交通网络。

▍交通枢纽（陈文成　摄）

交通枢纽

交通枢纽（许晨 摄）

大美鼓楼

交通枢纽

第二章

鼓楼文脉

明砖清瓦老去，明月依然照在人们头上……

老宅古厝不语，时光都刻在了那些街巷……

俗语说，两汉看徐州，秦唐看西安，明清看北京。徐州作为汉高祖刘邦的故里和汉文化的发祥地，因其拥有大量文化遗产、名胜古迹和深厚的历史底蕴，被称作"东方雅典"。作为徐州古城所在地的鼓楼区，是两汉文化最具代表性的区域，文物古迹星罗棋布，给鼓楼区留下了丰厚"家底"，其所流传的楚韵汉风也是徐州市最具特色的文化特质。

千年不朽的辉煌古城，曾拥有后人倾诉不尽的感怀。现今，鼓楼区内拥有国家、省、市级文物保护单位19处，可以说是一个名副其实的寻幽访古胜地。

2.1 五大名楼

民谣唱道："进了徐州城，名胜数不清，五楼二观八大寺，七十二庵布其中。"五楼即彭祖楼、霸王楼、燕子楼、奎楼、黄楼，其中彭祖楼、霸王楼和黄楼都在鼓楼区境内。除此之外，区内还有闻名遐迩的鼓楼和牌楼。

2.1.1 鼓楼

徐州鼓楼遗址在今彭城路北段，为明太祖洪武七年（1374年）

知州高玉琳所建，明英宗天顺元年（1457年）知州宋诚改建，明嘉靖二十二年（1543年）王重贤重建，明神宗万历年间（1573年—1619年）知州刘顺元重修。明天启四年（1624年），黄河决口，州城被水淹没，鼓楼毁于大水。清道光二十八年（1848年）就原址仿照旧观复建。楼基全用大砖砌成，形如城门，门洞南北长九丈，东西宽丈许，过往行人车马均从门洞穿过，楼上四周出厦，起脊排角，雄伟壮观。南面匾额书"中枢巨镇"，北面匾额书"大观在上"。1937年以前，楼上曾设图书馆，后被暴风摧毁。1952年夏，该楼因年久失修，又经暴雨成灾而塌方，旋即被拆除。2019年鼓楼区启动文庙街区重建鼓楼工程，新鼓楼采用歇山屋顶式建筑风格，成为徐州市、鼓楼区新的城市地标。

鼓楼

鼓楼

2.1.2 黄楼

黄楼位于鼓楼区境内黄河南路、庆云桥东的故黄河南岸大堤，始建于宋神宗熙宁十年（1077年）秋，是徐州历史文化的一个重要标志。徐州城"势如仰釜"，头顶故黄河，历史上屡遭其害。熙宁十年夏，洪水自曹村决堤，梁山泊泛滥，南清河满溢，水汇于徐州，城下水深达近3丈。上任伊始的知州苏轼亲至武卫营调兵遣将，筑堤御洪，城中百姓也纷纷投身抗洪救城工程，苏轼住在城上临时搭建的草庐里坐镇指挥。至秋季，洪水终于退去。

为镇水患，苏轼兴土木建造黄楼。黄楼利用废材修建，是官员爱民节用的标志。因建造黄楼缺少材料，苏轼将西楚故宫拆除，在城东门建造两层高楼，即黄楼。他在答范淳甫诗中有"重瞳遗迹已尘埃，惟有黄楼临泗水"之句，即指此事。正所谓"先毁王霸之堂，以绝淫逸；复整弃用之材，以节库银"。此楼于宋神宗元丰元年（1078年）告竣，因五行中土能克水，楼外四壁涂以黄土，取名黄楼。楼中树有《黄楼赋》碑，苏辙撰赋，苏轼手书，毕仲询篆额，堪称"三绝"。

| 黄楼

黄楼（徐祥瑞 摄）

旧志记载，直到金代末年，黄楼仍在东门城墙上，而后移至地面。历代曾多次重修黄楼，至清代年久失修，渐废。

2.1.3 牌楼

牌楼遗址在原统一北街北首，旧徐州城北门——武宁门外的土城墙上，为清嘉庆二十三年（1818年）河道总督黎世序所倡建。道光十九年（1839年）重修，光绪九年（1883年）徐州道尹赵椿章又重修，并建十六级台阶。中华人民共和国成立后，政府曾两次重修，于1964年拆除，后于1988年又在黄河故道南岸、庆云桥东侧重建。

原牌楼系木质结构，牌坊式建筑，朱红圆柱，上端有雕花彩绘的斗拱和檩，四角檐下吊系铁铃，绿色琉璃瓦封顶，悬有横额，向北面对黄河横额书"大河前横"，南面书"五省通衢"。

辛亥革命后，地方上为便利北城交通，在牌楼东西两侧开建了道路。为降低堤坝高度，工人们将堤坝削去六尺多，使路面斜度落

小，便于行人上下往来，但牌楼基地无法降落，遂将楼基周围用石镶起以为台阶。台高2.15米，周长37米，南面建有十六级台阶，以供游人登临远眺。

1988年4月24日重建竣工的牌楼，基本上是根据原清式建筑特点而设计，保持了原造型的艺术风格。新建牌楼高8米，宽13.8米，四角飞檐下系铜铃，黄色琉璃瓦封顶，横额南北两面分别刻有徐州道尹赵椿章题"五省通衢"和督黄河使者黎世序"大河前横"的手迹。

▍牌楼（徐祥瑞 摄）

2.1.4　彭祖楼

远古时徐州为大彭氏国，春秋战国时叫彭邑，这是徐州称彭城的开始。

一千五百年前的北魏地理学家郦道元在他的著作《水经注》中说："彭城东北角起层楼于其上，号曰彭祖楼。"古代汴水和泗水交流于郡城角，彭祖楼是远眺胜地。

除彭祖楼外，在城西北隅建有彭祖宅，宅内有井，古井遗址在原统一北街路东，"彭祖井"三字石碑原在井边。在彭祖井对面，建有彭祖祠，《水经注》曾记载："彭祖城下有彭祖冢。"在彭祖井边，建有彭祖庙，由后魏刺史元延明自他处移建于此，后因年久失修而倒塌。

2.1.5　霸王楼

霸王楼在西楚故宫（今彭城壹号）院内，原名霸王厅，是项羽定都彭城后的正殿。唐宋时代，西楚故宫成为当时的刺史衙门，北宋时苏轼任徐州知州，为庆祝抗洪胜利，拆霸王厅兴建镇水黄楼。明代复建起3层高的霸王楼，楼上祀霸王、虞姬，后于20世纪50年代拆除。

两千年来，霸王厅、霸王楼建而失，失而复建。人们来此吊古伤怀，留下很多诗句，其中清咸丰年间河南枭台段广瀛的《题西楚霸王楼》尤为耐人寻味：

▎霸王楼

美人帐下泪如雨，英雄到死犹歌舞。
此歌千古七言祖，谁言君王但学武！
生前不作书剑奴，死后犹为礼乐主。
一头卖得几人情？坐使功名归屠伍！
我有刘项两同乡，一则如龙一如虎。
三层楼上起悲风，泪洒彭城一片土！

2.2 历史遗珍

2.2.1 西楚故宫

公元前206年4月，项羽大会诸侯，分封了18个王，他自称西楚霸王，定都彭城，西楚故宫是他定都后建造的一座王宫。《史记·项羽本纪》记载："项王自立为西楚霸王，王九郡，都彭城。"《江南通志·卷三十三》记载："西楚故宫，在（徐州）府治内，宋时犹存，俗呼为霸王殿。"苏轼任徐州知州时将故宫拆除，用以建造黄楼，剩下的午门，后为鼓楼所代。鼓楼有照壁，题写了"西楚故宫"四个大字。今天的西楚故宫遗址，已成为著名的文化休闲街区——彭城壹号。

秋风乍起，现代化的彭城壹号街区内秋阳灿烂，车水马龙，景象繁忙，只有飒飒飘落的枯叶，唤起人们对千年彭城的遥想。

2.2.2 九里山古战场

徐州"北扼齐鲁，南屏江淮，东近黄海，西接中原"，自古是兵家必争的战略要地。九里山群峰起伏，气势雄伟，就如徐州城的天然屏障。几千年来，这里发生的大大小小的战争达400多起，这些战争沿着人类历史发展的轨迹延伸，演绎着金戈铁马的古代战争史诗，展现出波澜壮阔的战争画卷。据上古学专家徐旭生著《中国古史的传说时代》记载，舜帝征服异族部落之战、韩信十面埋伏之战、南北朝彭城拉锯战、明燕王朱棣九里山伏击战等，都发生在九里山一带。谈英雄、论成败，功过是非历史虽有公论，但厚重缄默的九里山要比史论记载得更详尽、更真实！

巍峨绵延的九里山在历史的长河中虽饱经创伤，在今天却旧貌换新颜，成为一座天然的"氧吧"，日益焕发出青春的光泽。登高俯瞰，战争的硝烟已然散去，如今的九里山一片欣欣向荣景象，沐浴在金色的阳光下，让城市中的浮躁、生活中的郁闷全都销声匿迹，净化着灵魂，洗涤了旧梦。

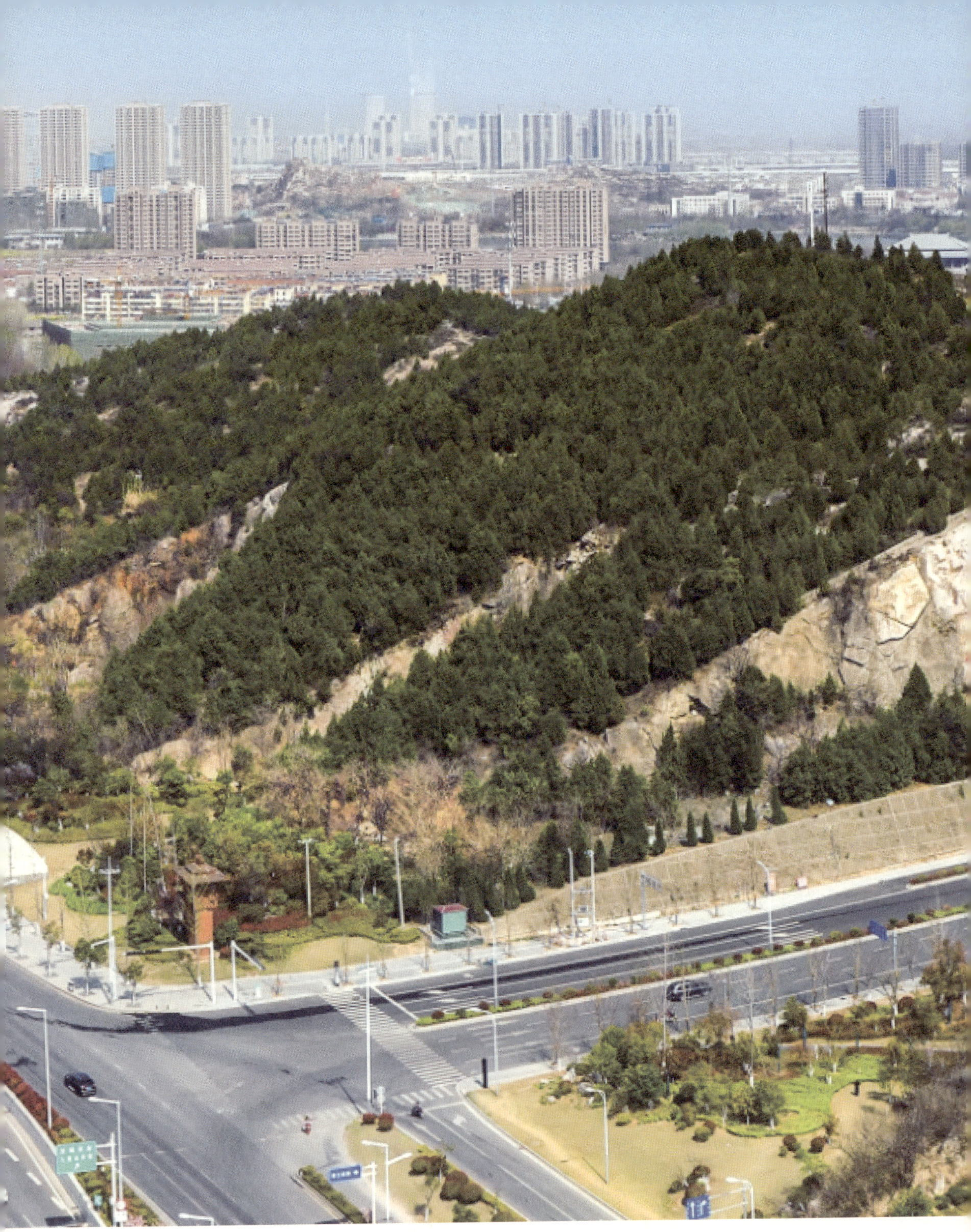

九里山古战场遗址（郑舟 摄）

2.2.3 龟山汉墓、龟山汉墓石刻

龟山汉墓位于龟山西麓。为西汉第六代楚王襄王刘注（公元前128年—前116年）与夫人的合葬墓。

该墓以山为陵、凿石为藏，几乎掏空了整座山，是徐州唯一确认墓主人身份的汉代楚王陵墓。1996年国务院公布其为全国重点文物保护单位，2000年荣膺20世纪中国100项考古重大发现之一，2005年被列入"十一五"期间100处国家重点大遗址保护专项，同年《龟山汉墓参观记》被列入国际版小学语文教材第十册。

龟山汉墓开凿于西汉最强盛的武帝时期，始凿于公元前127年，历经13个春秋，是一座宏伟的地下宫殿。龟山汉墓由两条墓道、两条甬道和15间墓室组成，中间有壶门相通。墓葬东西长83米，面积700多平方米，容积达2600多立方米。两条平行的甬道，每条长56米，高1.78米，宽1.06米；沿中线开凿，最大偏差仅5毫米，精度达1/10000；两条甬道之间相距19米，误差为1/16000，是迄今世界上

龟山汉墓

发现的古代墓葬中打凿精度最高的甬道。甬道由26块重达6～7吨的塞石分上下两层封堵。两块塞石之间非常严密,连一枚硬币也难以塞进。墓室内设有完整而又科学的排水系统,主要墓室还建有瓦木房屋。此墓工程浩大,设计巧妙,施工精细,被誉为"千古奇观,中华一绝"。

龟山汉墓保留朱书文字石碑有14块之多。除了朱书文字外,还有直接用工具在石面上雕刻的一篇文告,内容为:"楚古尸王,通于天述。葬棺郭,不布瓦鼎盛器,令群臣已葬去服,毋金玉器,后世贤大夫幸视此书,目此也仁者悲之。"

石刻文字属标准的"古隶",书风酷似长沙马王堆帛书中的《战国纵横家书》。文字是由工匠直接在石面上镌刻,随形取势,应乎变化,大小参差,呈现出高度洒脱自由的状态。通篇文字或大或小,或长或短,或疏或密,或正或欹,朴茂遒劲,异趣横生。

2.2.4 宛朐侯刘艺墓

九里山北坡有个比较大的山头,因形似簸箕,当地人称为簸箕山,它是汉代楚国刘氏家族的一处墓地。1990年,当地农民开山采石时,曾炸出一座古墓,出土金、玉、铜、陶瓷器等文物40余件。其中一块金饼上还刻有"吉金上下"四个字,旁边还有一处陶俑坑,埋葬了男女侍俑20余件。1994年,在山的东坡又发现一座汉墓,同年在俑坑南20余米处又发现一座汉墓。以上三座墓依发掘先后,分别编为一、二、三号墓。三号墓是宛朐侯刘艺的墓葬。

刘艺墓为竖穴式崖洞墓,南北长3.6米,东西宽2.6米,深8.2米,墓底向东、向西凿出两间小室放置棺木和100余件(组)随葬品。

在刘艺的墓中，有三件国宝级文物——"宛朐侯艺"龟纽金印、金带扣和人物画像镜，其中人物画像镜的历史、文物、艺术价值最高。铜镜放在死者腰部，直径18.5厘米，龟龙合体钮，镜面有画像，分为四个区域，从左至右依次为：一人驯虎，一人搏豹；一人弹琴，二人观看；两人拜谒对话；还有一人骑虎奔跑。整个画面共有77个物像，其中人物32个，虎8只，豹4只，树16株，山峰12座，刻画了拜谒、娱乐、驯兽的场景。小小的镜面，竟能容纳如此多的内容，可谓匠心独运，巧夺天工。另一件金带扣长9厘米，宽5厘米，有兽首、鸟首、羊首的浮雕，扣面金光灿灿，耀眼生辉。

2.2.5　镇河铁牛

在古代，水患时刻威胁着徐州城的命运，在河边立牛是徐州人民战胜水患的记录与象征。镇河铁牛始铸于清嘉庆四年（1799年），该铁牛呈跪卧状，体魄雄健，两眼夺出眶外，显示了牛的憨厚与敦实。铁牛的腹部铸有一段铭文，记载着铁牛铸造的时间和寓意。1985年重新铸造镇河铁牛，立于黄河故道边。新铸的铁牛高1米，长2米，头向西北，尾向东南，两眼注视着故黄河，造型壮美、逼真。清代有一位举人，写了一首关于铁牛的诗，在民间广为流传：

> 武宁门外水悠悠，万里长堤卧古牛。
> 青草绕前难下口，长鞭任打不回头。
> 风吹遍体无毛动，雨润周身似汗流。
> 莫向函关跨老子，国朝赖尔镇徐州。

第二章 鼓楼文脉

镇河铁牛（张金铭 摄）

2.2.6 汴泗交汇

东西流向的汴水与南北流向的泗水是中国古代两条著名的大河，它们在徐州交汇，成就了一个独一无二的徐州城，这是古城徐州的骄傲和荣耀。现今在鼓楼区坝子街桥北西侧立有一座"汴泗交

"汴泗交汇"石碑

汇"的石碑，这是一座碑阙合成式仿古建筑，这里就是当年汴水、泗水交汇的地方。

2.2.7 徐州文庙

徐州文庙位于彭城路北段东侧，系徐州市文物保护单位。始建于宋代，元代毁于战火，明清两代由于受黄河泛滥的破坏多次重建。原文庙格局完整，按照朝廷对地方孔庙的要求而建，共分三路五进庭院，贯穿在南北中轴线上，占地近2万平方米。由南向北依次为影壁、棂星门、大成门、大成殿、明伦堂、尊经阁。大成门前为泮池，左右为配殿，东南角为奎星楼。奎星楼为重檐六角亭式，坐落在水塘中间，周围有雕刻精美的护栏。奎星楼西为七龙壁，七龙壁前为影壁墙，墙额上有"道冠古今，天下文枢，德配天地"十二个大字。影壁墙的东西两侧，分别为仪路、礼门，立有"文官落轿，武官下马"字碑。入仪路、礼门到棂星门，始可进孔庙。棂星为天镇星，相传为天上的文星。庙门以"棂星"命名，因孔子应天上星宿而降，同"奎星"一样，主要是为了圣化孔子。入棂星门，是为泮池。泮池是学府的象征物，因而亦称学府为泮宫。这座泮池为半圆形池塘，上有三孔石拱桥三座，桥长10米，宽1.5米。泮池后是大成门。大成门后就是文庙的中心建筑大成殿。大成殿起名源于宋代封孔子的牌位，显示孔子之学后继有人，济济一堂。

文庙现仅存大成门、大成殿，为明清两代修建。大成门为歇山式屋顶，高8米，面阔3间10米，进深6米，高达7米的门柱矗立挺拔。大成殿高11米，面阔5间21米，进深14米，歇山式屋顶，绿瓦剪边，檐下斗拱密布。大成殿内的8根金柱和莲花浮雕柱础，为明代原物，具有较高的建筑艺术价值。殿前的大型露台高12米，面积近700平方米，原是举行祀孔大典的场所。大成殿两侧东西两庑，为供奉先贤、先儒之处，日伪时期被拆除。大成殿后面的明伦堂是讲授经学的地方，明伦堂后的尊经阁是收藏文章、典籍之所，原为重檐双层殿阁，现仅存台基。在大成门内，还镶嵌着张伯英书写的《迁建文庙碑记》和《重修文庙碑记》。

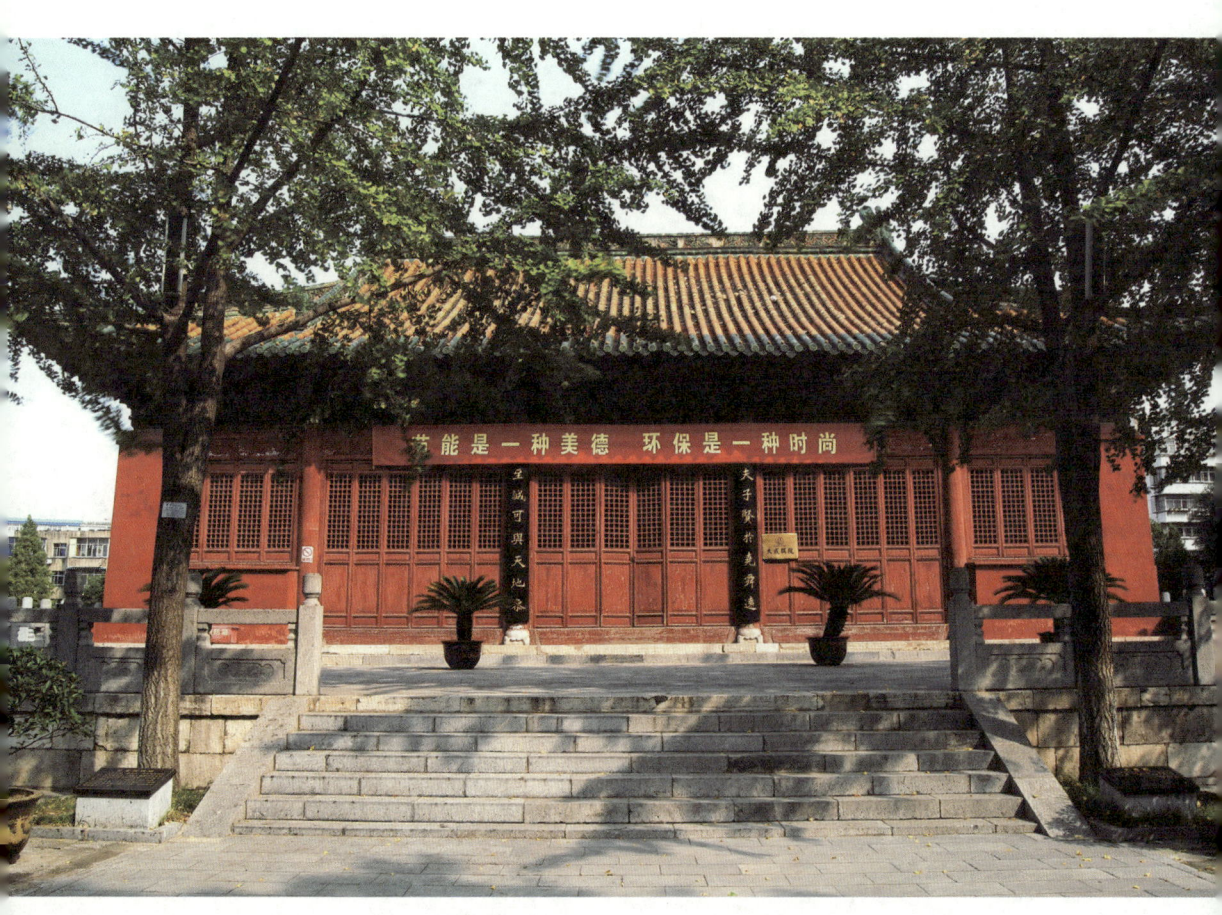

▎徐州文庙（张金铭 摄）

大美鼓楼

　　1989年，徐州市人民政府拨款修缮大成殿，恢复殿前月台，复原了明代建筑风格的大成门。修缮后的大成殿屋面辉煌，金砖墁地，非常壮观。

　　2017年，文庙历史文化街区的规划建设工作启动，该项目总建筑面积1.92万平方米，其中新建建筑面积1.17万平方米，保留建筑面积0.75万平方米，拆除建筑面积1.52万平方米。该项目采用保护、更新、开发并重的方案，将历史建筑保护与开发结合起来，采取远近

▎徐州文庙

第二章 鼓楼文脉

徐州文庙

结合的保护方式，进行改造提档升级。建成后的文庙历史文化街区，集特色文旅和娱乐休闲等功能为一体，成为徐州的夫子庙和新街口。

2.2.8 城下城遗址博物馆

古城徐州的重要特点之一是自建城伊始历数千年而城址几乎不易其地，但因迭经兵燹战乱和洪灾泛滥，历代城址被深深地淹埋于地下。近年来，随着城市建设不断发展，厚达

· 035 ·

大美鼓楼

十余米的"城下城、街下街、井下井"的叠城奇观渐显真容,令人叹为观止。

城下城遗址博物馆依托彭城广场地下空间交通连接项目建设,将地铁换乘空间、文物陈展、慢行交通系统、商业空间有机结合,占地面积为4845平方米,为地景型建筑。该建筑舒展大气,将徐州的"古"与"今"有机融合,真实展示出徐州2600年城市建设的演进历程,充分体现了"一眼阅千年、一馆览万象"的独特文化内涵。其蕴藏的文化宝库和万千之谜,是我国乃至世界城市史上的罕见奇观,更是徐州建设淮海经济区中心城市深厚的文化底蕴和底气。

城下城遗址博物馆

2.3 梵音道影

2.3.1 平山寺

平山寺位于鼓楼区九里山中段的平山口北侧，是徐州市历史上八大名寺之一。

平山寺始建于唐贞观三年（629年）。当时，唐太宗李世民敕命在各战场建寺，"以纪功业""祭奠亡灵"，因此建平山寺及功德塔，并钦赐寺额，当时名为"四面佛寺"。元至正三年（1343年）改建并易名为"平山寺"。清乾隆五十六年（1791年）大修。民国十二年（1923年）禅林堂第十代监院张思重修。1938年5月19日徐州沦陷，侵华日军进驻平山寺，寺庙遭到严重破坏，仅剩门殿、配房等残垣断壁。2005年平山寺恢复为宗教活动场所，并正式对外开放。

▍平山寺

平山寺是一个十分幽静的千年古寺。寺院山门殿为民国初年建设，三小间，长8米，进深5.5米。1987年平山寺被列为市级文物保护单位。寺内阿弥陀佛殿供奉四面阿弥陀佛，全部为汉白玉石塑像。寺院内现存清康熙年间所立"平山寺"碑一块，碑文记有"徐州为九州之一，山川形盛"一段文字。

2.3.2 白云寺、白云洞

白云寺位于楚汉争霸之地——千年古战场九里山西口，襄王南路东侧，始建于唐代贞观年间，最初为一座火神庙。唐代常有人在白云洞和火神庙里闭关静修，后逐渐把火神庙扩建成佛教道场白云

▎白云寺

寺，寺内供奉着西方三圣、伽蓝菩萨和火神。

白云洞是省级文物保护单位，位于九里山的西北麓，为水蚀裂隙洞，距今已有500余万年历史。白云洞规模不大，洞高约3米，宽约4米，但"洞深无底"，洞内有幽深的暗河。据1400年前的《魏书·地形志》载："黄池穴潜通琅琊王屋。"黄池穴即白云洞。

目前可供游览的洞穴长约168米。洞口水气缭绕，云雾袅袅；洞内滴水叮咚，如琴奏鸣；洞中通道宽大深幽，上下盘旋，跌宕起伏。由洞口进入约30米，有一长约40米、宽10余米的宽敞大厅，足可容纳数百人。穹隆的洞顶钟乳参差错落，陡峭的岩壁怪石嶙峋。洞内还有大小洞穴30余处，弯弯曲曲，犹如蛇形。洞中有景，景中有洞，洞洞各异，姿态万千。

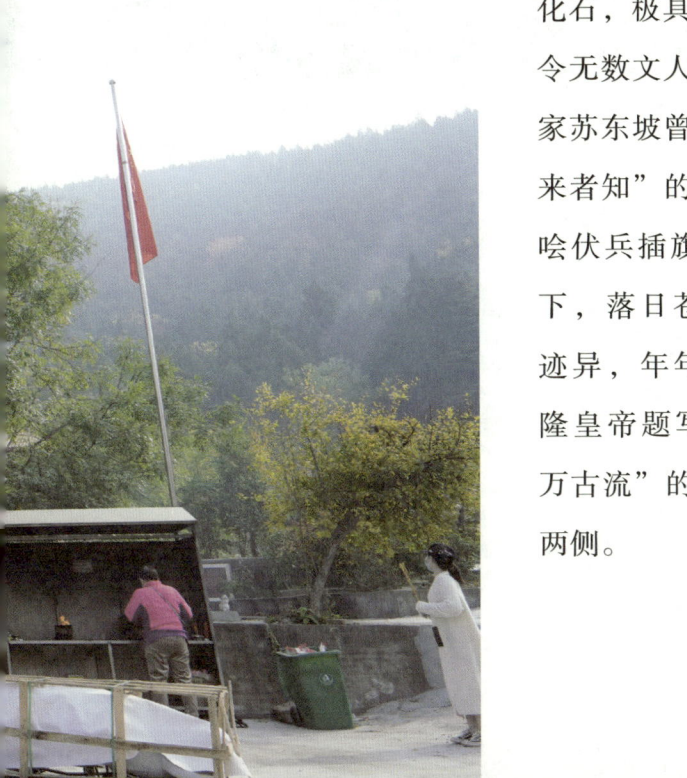

1997年6月，专家在白云洞中发现了距今12.7万—50万年的古生物群化石，极具研究价值。白云洞之美，令无数文人墨客为之倾倒。宋代文学家苏东坡曾留下"佳处未易识，当有来者知"的诗句；明代诗人马慧在樊哙伏兵插旗处写下"天空野烧连垓下，落日苍烟接沛中。唯有靡旗踪迹异，年年常见白云封"；清代乾隆皇帝题写的"神迹千秋仰，仙踪万古流"的楹联，至今仍镶嵌在洞门两侧。

白云洞

2.3.3 慈济庵

慈济庵（又称五毒庙）位于大坝头北地藏里，供地藏菩萨。该庵始建于明代，清乾隆二十七年（1762年）重建。慈济庵现存大殿三间，砖木结构，抱柱擎廊，小瓦覆顶，清水脊。殿内墙面上嵌《重建慈济庵碑记》三方。碑文记曰："慈济庵者，前明霍夫人之香火院也。霍公讳维华谪居徐州。夫人爰建斯庵，因岁以风雨摧残，兼之黄水淤没，殿宇廊庑颓坏几尽，仅有一阁巍然独存。然院

慈济庵

落不完，住持维艰。庵主兆瑞持疏募化，爰有会首刘门张氏等同心乐助。因旧阁之材移创新殿，改作工料费，出不赀本。年七月十六日兴工，计于十月十五日告成。殿宇一新而廊庑院垣亦以次增修矣。是为记。"文后为捐资人名单，落款为乾隆二十七年菊月（九月）。

大殿前还存有莲花石幢一座，为明崇祯九年（1636年）的遗物。庵内原来还有一座石雕莲花宝池，供施主放生使用，徐州沦陷时期，被侵华日军偷运回日本。这座石幢因百姓警觉，埋入地下，方得幸存。院内还存有无年可考的红叶古树一株，现仍古朴挺立，红颜映目。

徐州人民过端午节，有赶五毒庙会求平安、拜五毒老爷的习俗。2018年4月，中央电视台摄制组专程到慈济庵拍摄专题片——"徐州端午文化节"，并在中央电视台向全国观众播出。

第三章

山清水秀

孔子曰："知者乐水，仁者乐山。知者动，仁者静。知者乐，仁者寿。"鼓楼有水，大运河、故黄河、丁万河、荆马河、徐运新河等河流萦绕相伴；鼓楼有山，九里山、龟山等山峦绵延相连。山水相依、一静一动、水清岸绿已成为鼓楼区鲜明的特征。"一方水土养一方人"，正是这清澈的水、秀丽的山养育了一代又一代勤劳、智慧、勇敢的鼓楼人。

3.1　曲水绕城

鼓楼区共有22条河道，总长度76.6公里，水域面积2.4平方公里。其中省级河道1条，即京杭大运河不牢河鼓楼段；市级河道4条，分别是故黄河、徐运新河、丁万河及荆马河；区级河道17条，分别是马场大沟、八里大沟、沈孟大沟、沈场大沟、子房河、下淀大沟、台子河、月河、刘楼河、罗台河、拾东河、襄王路边沟、李屯河、拾屯河、前屯河、堰上顺堤河、老牛河。

3.1.1　京杭大运河

一河通古今，一脉传千年。京杭大运河是世界上里程最长、工程最大的人工开凿运河，也是最古老的运河之一，与长城、坎儿井并称为中国古代的三项伟大工程，并且使用至今，是中国古代劳动人民创造的一项伟大工程，是中国文化地位的象征之一。

悠悠京杭大运河纵贯祖国南北。作为京杭大运河南下流程中自鲁入苏的第一站，徐州段留下了大运河水道和水利遗产、航运工程设施遗产、大运河聚落遗产、大运河生态与景观环境遗产、大运河相关物质和非物质文化遗产等诸多遗产。这些遗产至今仍然"活态"存在，连缀成一条熠熠生辉的文化长廊，蔚为壮观。

京杭大运河（鼓楼段）全长2.24公里，起点为津浦铁路大桥西，终点为万寨港，途经琵琶、台子两个社区，沿岸主要为港口、码头。

3.1.2　故黄河

故黄河即徐州市境内的黄河故道，宋建炎二年（1128年）东京留守杜充于滑县西南人为决河，遂使河道东决夺泗入淮。之后，河道极为混乱，经常数道并行，南流则夺泗、汴、睢、涡、颍等水

故黄河

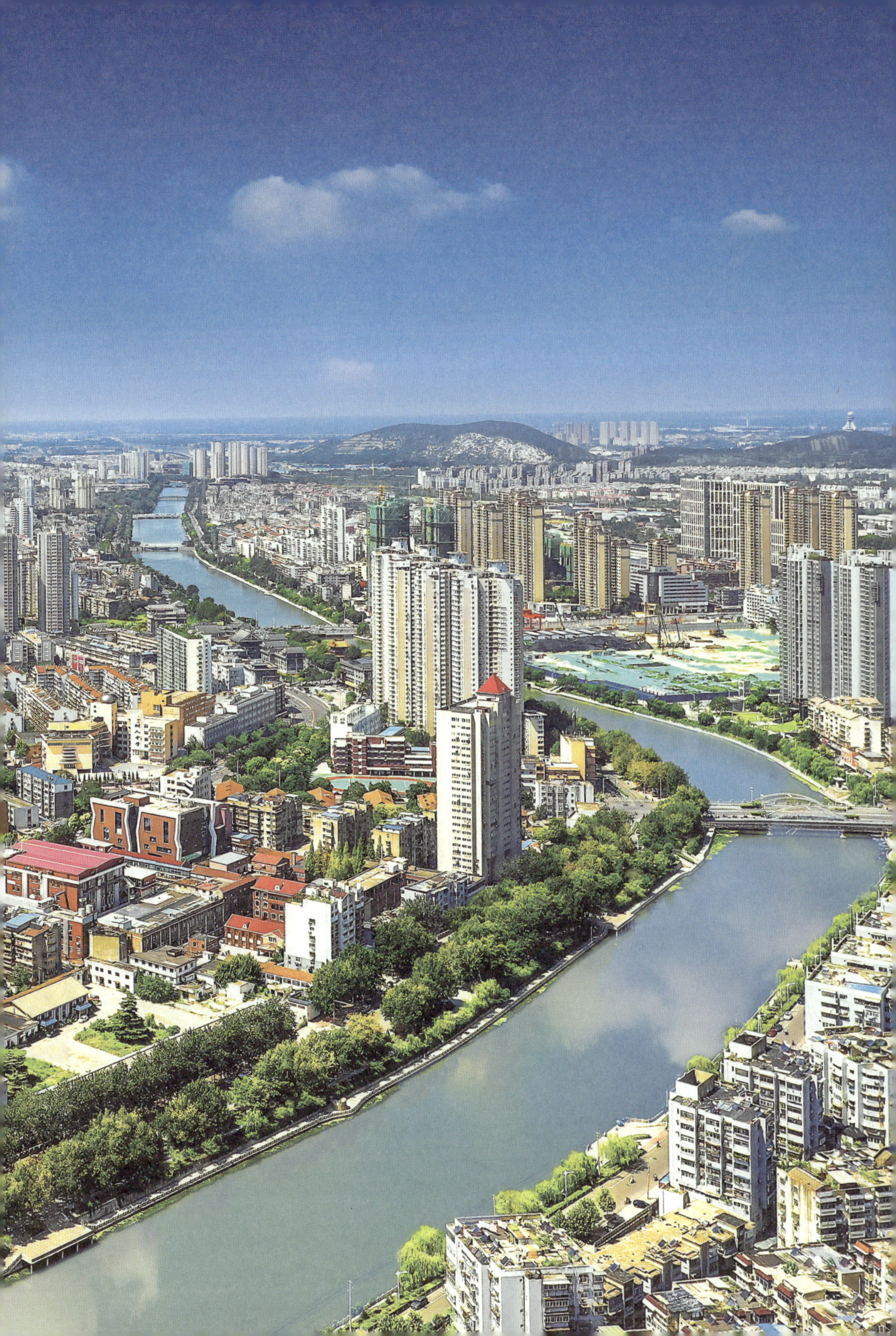

大美鼓楼

由淮入海，南流诸道中又以自今河南原阳乱汴、睢故道东出徐州由泗入淮为主。万历初潘季驯治河功成，才尽断旁出诸道，把金元以来黄河东出徐州由泗夺淮的主流固定下来，使之成为下游唯一的河道。故黄河在1855年改道北徙山东之前，在徐州这片古老的土地上

流淌了700多年，它在市区段全长20.7公里，是市区一条主要防洪排涝河道。

如今，故黄河依然以一种奔流不息的姿态，不仅给古城增添几许粗犷、豪迈，还给古城增添了几许妩媚和秀丽，也为这座不断增高、变美的城市平添无尽的魅力。

3.1.3 丁万河

丁万河建于1984年，全长12.5公里，西起丁楼，与故黄河相通，东至万寨港与京杭大运河相连，丁万河的名字由此而来。丁万河的流域面积为27.5平方公里，是古黄河重要的分洪道，主要起到市区防洪的作用，还起到抽引京杭大运河水源补给市区河湖和沿线灌溉的作用。鼓楼区依托丁万河水利资源的空间分布特征、交通及区位条件，构筑了以"一心（旅游接待服务中心）、一带（丁万河生态游憩带）、三区（汉韵风情区、怀旧休闲区、水利科普区）"为主要内容

故黄河（周保福 摄）

大美鼓楼

丁万河

丁万河

的丁万河水利风景区。2014年,丁万河获"江苏省水利风景区"称号;2015年,获"国家水利风景区"称号;2017年,成为全国第一批最美家乡河,也是江苏省唯一一条上榜河流;2019年3月,入选江苏省首批生态样板河流。丁万河实现了由昔日脏乱臭的"龙须沟"向"最美家乡河"的蝶变,成为鼓楼区经济、社会和人民生活中的民生之河、发展之河、生态之河、文化之河。

3.1.4 荆马河

荆马河位于鼓楼区北部，东西向穿越鼓楼区腹地，全长11.88公里，是城区北部一条重要的防洪和排水河道，直接保护鼓楼区、徐州经济技术开发区和津浦铁路的安全。荆马河沿线由于地势低洼，一直受九里山山洪威胁及大运河水位顶托，易积涝成灾。

鼓楼区先后投入大量资金对荆马河水环境进行提升，还按照20年一遇防洪标准、5年一遇排涝标准，对荆马河上段河道及其3条支河进行疏浚、清淤，疏浚干河6.3公里，拆建护坡8.8公里，新建穿堤涵闸3座，拆建过路涵4座；支流清淤9公里，有效提高了河道沿线防洪排涝标准，保证了地方经济社会快速发展。近些年，鼓楼区又大力推动荆马河沿河绿化提升工程，建设、竣工了西起中山北路，东至复兴北路，绿化面积达10公顷的一个狭长的带状公园。荆马河带

| 荆马河

状公园为两岸的居民提供了一个环境优美的休闲场所，并与徐运新河、九龙湖公园等相结合，丰富了鼓楼区的绿化网状体系。

3.1.5　徐新运河

徐运新河是徐州市20世纪80年代初开挖的一条排涝兼航运的主要河道，下游与京杭大运河相连，上游受故黄河高滩地的制约，仅通至故黄河堰下，实为"断头河"，主要是通过丁万河翻水、补水，由于是下游向上游翻水，常常水源不足。2013年6月，鼓楼区启动徐运新河水系贯通故黄河工程，由此翻开了鼓楼区水环境建设的历史性一页。如今鼓楼区主要河道已互联互通，"活水"涌动。徐运新河两岸已建成沿河带状公园，与周边的九龙湖公园、祥和路绿地等有机结合，形成了完整的绿化网络，满足了鼓楼区居民休闲、娱乐的需求。

▎徐运新河

3.2 湖光潋滟

3.2.1 九龙湖

　　九龙湖公园处于鼓楼区中山北路和二环北路的交叉口，2005年在原来徐州内港的基础上改造而成，是鼓楼生态园工程的一部分。公园总投资4200万元，总占地面积16.24万平方米，其中水体面积6.6万平方米，绿地面积6.4万平方米，绿化覆盖率（含水面）达80%，是一个集城市景观广场、市民休闲、文化娱乐为一体的现代化开放式公园。园内径路贯通、花木掩映，铺设人行步道1800余米，种植草坪3.5万平方米，科学配置香樟、银杏、桂树、早樱、紫薇、红枫等名贵乔灌木90余种。

▍九龙湖

第三章 山清水秀

九龙湖公园是徐州市北区规模较大的一个公园，它的建成结束了北区没有大型公园的历史，改善了人居环境，提升了城市品位，成为北区市民健身休闲、观光娱乐的重要公共场所及鼓楼区对外形象展示的标志性工程。

3.2.2 玉潭湖

玉潭湖公园位于九里山和大孤山之间,徐州汉城北侧,总面积为38.8万平方米,水体面积有20.4万平方米。公园主要分为主入口区、生态游憩区(水生植物园)、文化休闲区(湖中岛)和玉潭湖水景区四个部分,这里重点讲解主入口区和文化休闲区。

玉潭湖(陈文成 摄)

第三章　山清水秀

玉潭湖

主入口区是战神广场,广场上满是以虞美人花为特色的浪漫花镜,还有一个"凤舞九天"的造型,展示的是楚文化。入口对面有一个战神项羽的主题雕塑——只见项羽身跨乌骓马,手持战剑,豪气冲天,栩栩如生。进入公园内,只见湖岸边种植了品种丰富多彩的湿地植物,形成了湿地植物园。这些湿地植物不仅起到了净化湖区水质的作用,有的还长出大量的浆果,形成了适合候鸟生存的环境。文化休闲区将两汉的音乐文化、九里山古战争音乐文化和公园的建筑有机融合在了一起。

3.3 山峦景胜

3.3.1 九里山

九里山位于鼓楼区西北部,东西走

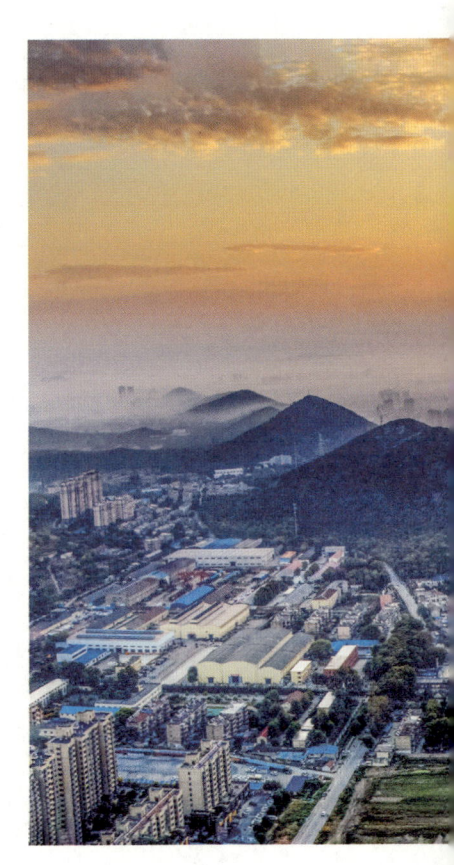

向，最高海拔173.3米，因全长九华里，故而得名"九里山"。

九里山群峰罗列，山峦起伏。主峰自西向东有象山、团山、宝峰山，三峰耸立。主峰北侧依次排列着大孤山、龟山、小龟山、江山、凤凰山（天齐山）、米山、簸箕山、火山、水山等大小山头。

九里山（陈文成　摄）

3.3.2 龟山

龟山位于鼓楼区九里山以北，西起襄王路，东至平山路，南起九里山西路，北至三环北路，紧邻闻名遐迩的九里山古战场，故黄河从山前蜿蜒而过。龟山现为国家4A级旅游景区，有龟山汉墓、

圣旨博物馆和点石园石刻艺术馆三个主要景点，融合了两汉文化、皇陵文化、石刻文化，是展示徐州历史文化魅力的重要窗口。景区融历史文化与园林景观为一体，营造出优美的文化休闲空间，内有"珍珠潭""铜熏台""龟山探梅""楚王迎宾""山间步道""栖凤林""月牙湖"等景观，漫步其间，随处可见依山而建的亭台楼阁和园林小品。这些景点如同一个个跳跃的音符，灵动而有生气，使2000多年的历史文化展现出新的韵律与活力。

龟山（周保福　摄）

第四章

商贸核心

大美鼓楼

鼓楼区现有中心商圈、淮海商圈、鼓楼商圈三大商圈，已建成规模型商贸载体25家，总建筑面积345万平方米。全区社会消费品零售总额在淮海经济区处于绝对前列位置，与南京、合肥、济南、郑州等省会城市主城区相比也处于上游水平。未来，鼓楼区将重点在"打造高品质消费体验首选地、打造商务金融集聚区、打造现代服务业制高点"上持续发力，坚持生产性服务业和生活性服务业"双向发力"，打造立足徐州、服务苏北、辐射淮海的高端商贸商务核心区。

▎ 商贸核心

第四章　商贸核心

4.1　中心商圈

　　中心商圈是淮海经济区最富活力、最具人气的核心商圈，交通便利、商贾云集、产业丰富、资源汇集、文化荟萃。金鹰国际、金地商都、苏宁广场等商贸综合体集聚于此。2021年中心商圈销售额达76亿元、客流量超7300万人次，超越济南、合肥等周边省会城市的中心商圈。这里已成为淮海经济区最大的商业商务中心和现代服务业新地标，正逐步成为淮海经济区的智慧商圈、财富中心和城市时尚会客厅。

大美鼓楼

中心商圈（梁大庆　摄）

第四章　商贸核心

大美鼓楼

　　彭城广场始建于1998年6月4日，同年9月底建成开放。广场规模宏大，气势雄伟，东西长约250米，西起中山北路，东至彭城路；南北宽400余米，横跨淮海路；管理面积近10万平方米，绿地面积近4.2万平方米，绿地率达67%，是中心城市最靓的城市客厅。

　　苏宁广场位于彭城广场东侧，由国际顶级建筑设计公司——英国凯达环球建筑设计咨询有限公司设计。设计以祥云为主体概念，

| 中心商圈

第四章 商贸核心

中心商圈（许晨 摄）

秉承超现代理念，其建筑主体与裙房采用流线型，一气呵成，整体性强，是现代化的城市商业综合体。广场总建筑面积约为48万平方米。其主楼有61层，高达266米，是徐州乃至淮海经济区的第一高楼，也是徐州市的第一地标。该广场融商业购物中心、超五星级酒店、甲级写字楼、大型电器旗舰店、高档SOHO办公于一体，是徐州市中心区规模最大、业态最全、档次最高的城市商务综合体。

徐州金鹰国际购物中心是南京金鹰国际购物集团投资建设的大型高级购物中心，位于彭城广场正北侧。其一直秉承高档定位和时尚品位，融合"流行"概念，经过多年的发展，已成为一家集购物、休闲、娱乐为一体的国际化购物中心。

彭城壹号旅游休闲街区是在彭城路壹号（西楚霸王故宫的原址）原市级机关北大院所在地的基础上通过修旧如旧、补新以新方

大美鼓楼

中心商圈

式改建而成。休闲街区占地21.45亩，总建筑面积约2.5万平方米，总投资2.5亿元。目前，该街区已成为中心商圈的标志性项目，是徐州对外经济合作交流的城市名片，也是鼓楼区全域旅游"旅游+商贸"的亮点。该街区已获批为省级高品位步行街重点培育街区、江苏省旅游休闲街区培育单位、江苏省夜间文化和旅游消费集聚区建设单位。

第四章　商贸核心

中心商圈

中心商圈

中心商圈

4.2　淮海商圈

　　徐州市复兴路北起煤港路，南至淮塔东路，途经鼓楼、云龙两区，全长 4000 多米。因紧邻徐州火车站，这里曾聚集了徐州商业最丰富的业态，也曾引领徐州商业的潮流。进入21世纪以后，鼓楼区加快城市更新，发展高端商贸、商务，以和信广场为支点，全力推进白云地铁商业、烟厂地块建设，实现淮海商圈繁荣复兴。

第四章　商贸核心

淮海商圈

4.3　鼓楼商圈

鼓楼区在做强中心商圈的同时，连接市中心商圈与城市北部的大动脉——城市主干道中山北路，以中山北路为一条牵引绳，拉动徐州商业综合体北移，打造以鼓楼广场、米兰广场、君盛广场"三大广场"为主的鼓楼商圈，激发鼓楼经济活力。未来，待天阙商业广场、凯旋门商业综合体和中山国际项目建成运营后，将进一步提升北区中心的价值。

鼓楼广场具有简约、时尚、新潮的现代主义风格，由世界一流的新加坡巴马丹拿建筑设计公司、新加坡SCI景观设计公司联手设计。鼓楼广场以浓厚的中国文化为根基，融入国际先进的建筑规划理念、国际时尚生活理念，成为一个集五星级酒店、5A级写字楼、购物中心、大型超市、高端住宅于一体的，业态领先、品牌高端、设施一流的现代化人文商住综合体。

鼓楼商圈

大美鼓楼

鼓楼商圈（许晨　摄）

第四章　商贸核心

大美鼓楼

鼓楼商圈（许晨　摄）

　　君盛广场是鼓楼区的重要商业中心，起着完善北区城市配套的重要作用。广场位于中山北路与奔腾大道交叉口东北角，总建筑面积为14万平方米，包括19层办公楼1栋、13层公寓式办公楼1栋、18层办公楼1栋、4层大型商业及电影院1栋（局部5层）、3层商业街1栋（分布南北两侧）。该项目完美实现了"办公+居住+购物休闲娱乐"一体化资源共享模式，为北区居民提供了完善的生活配套。

　　米兰广场位于中山北路，距中心商圈800米，占地4万平方米，总建筑面积近10万平方米。作为天创集团倾力打造的高端城市综合体，米兰广场是以高端消费人群为导向的高尚生活街区。

第四章　商贸核心

鼓楼商圈

第五章

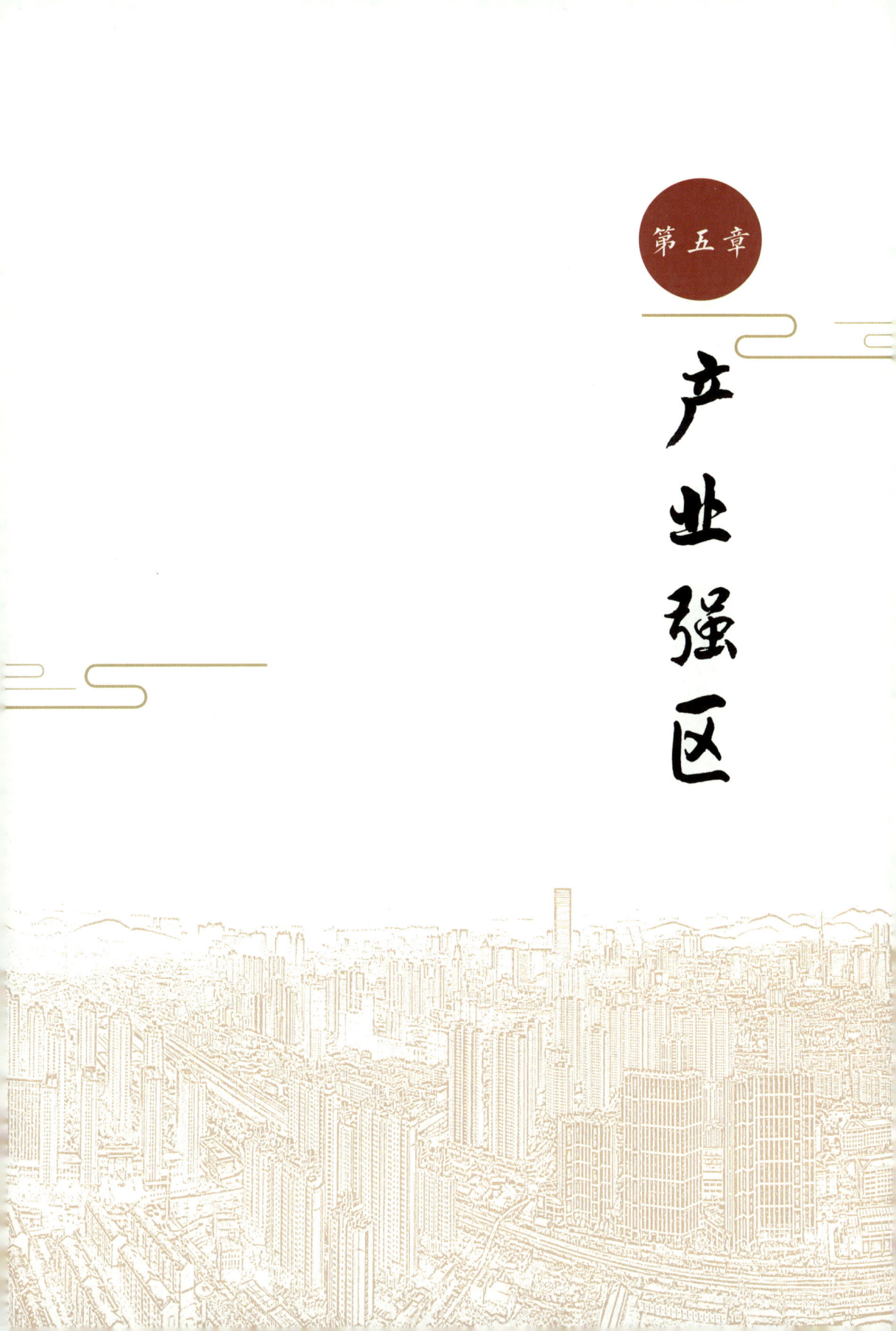

产业强区

党的二十大报告提出，推动战略性新兴产业融合集群发展，构建新一代信息技术、人工智能、生物技术、新能源、新材料、高端装备、绿色环保等一批新的增长引擎。鼓楼区以建设"高端商贸商务核心区、高新技术产业标杆区、产城融合发展示范区、社会治理创新先行区"的"四区建设"为抓手，精心谋定半导体设备和先进封测、电子信息和数字经济、智慧医疗器械"三大都市工业"，形成具有强劲实力的"一区二十一园"产业集群，构建了都市型工业和现代服务业"双轮驱动"的产业格局，成为徐州建设产业强市的"新引擎、急先锋"，打造区域中心的"新坐标、强支撑"，为徐州国家可持续发展议程创新示范区建设贡献力量。

5.1 高新技术产业开发区

高新技术产业开发区位于鼓楼区北部，核心区规划面积为11.4平方公里，是国内少有的在主城区内设置的高新区。

该园区立足"创新、高端、智慧"发展导向，遵循"一区一战略"产业指引，立足本地资源禀赋和产业基础，以"双轮驱动"为引领，围绕电子信息和数字经济、半导体设备和先进封测、智慧医疗器械"三大都市产业"，推进创新链和产业链深度融合，高标准建设产业载体，积极培育壮大产业创新主体，构建特色突出、竞争力强、可持续发展的高质量产业体系。

第五章 产业强区

高新技术产业开发区

高新技术产业开发区（许晨 摄）

高新技术产业开发区（许晨　摄）

5.2　产业集群区

5.2.1　云创科技产业园

　　园区位于鼓楼区西北部，占地10万平方米，建筑面积约18万平方米，由23栋建筑组成。园区距离市中心约5公里，距区政府约3公里，距徐州高铁站约15公里，东临海洋极地世界，南依国家水利风景区——丁万河风景区和龟山探梅园，北接北三环高架快速路，西连国家4A级旅游景区——龟山景区，是徐州市唯一一家位于国家4A级景区内的产业园区，宜居宜业宜商宜游，区位特色突出。

　　园区以人工智能为主导，重点围绕高新技术企业，聚焦模式识别、机器人、自动驾驶、区块链等细分领域开展招商引商，打造国

第五章 产业强区

云创科技园（许晨 摄）

内知名的以"互联网+"、大数据等高新技术产业集聚发展的平台。一大批人工智能独角兽企业、领军企业落户园区，逐步成为辐射淮海经济区的新兴产业集聚区。

云创科技园是鼓楼区打造的高质量科技创新载体，是徐州市人工智能特色产业基地，也是鼓楼高新区产业孵化基地。

5.2.2 云创科技产业园三期

园区位于鼓楼区平山路西侧，幸福家园南侧，占地50亩，建筑面积约5万平方米，总投资额2.2亿元。园区主要包括7栋商办楼宇，重点引进行业"独角兽"、总部经济企业，形成云创科技园一、二、三期产业联动，打造人工智能、软件信息与服务外包集聚区、创新创业示范区。

· 085 ·

5.2.3 鼓楼数字产业园

园区位于鼓楼区殷庄路与奔腾大道交叉口东南角，占地26亩，建筑面积为2.2万平方米。园区重点打造以大数据、物联网、云计算为核心的大数据产业集聚区以及大数据技术的产业化项目孵化区，重点引进数据处理、数据安全、云计算、信息安全等大数据产业的新载体，逐步打造成为全市乃至淮海经济区的大数据产业示范基地。

鼓楼数字产业园

5.2.4 鼓楼创芯谷

园区位于煤港路49号与二环北路交叉口，属于徐州市主城区、鼓楼区核心区域，是徐州保存最完整的老厂区，是徐州宝贵的工业文化遗产，非常适合打造将历史记忆与新兴产业相融合的产业园区。

园区占地53.6亩，共有11栋厂房、1栋办公楼和1栋职工礼堂，总建筑面积约3万平方米。在保留工业厂房特色的基础上，园区进行了改造升级——以智能制造为主导，以高新技术产业为核心，依托专业管理团队、先进的创业孵化管理模式和服务体系，打造历史记忆与新兴产业相互融合，集科技创新、文化创意、智能制造为一体的"双创"智慧产业园。

鼓楼创芯谷

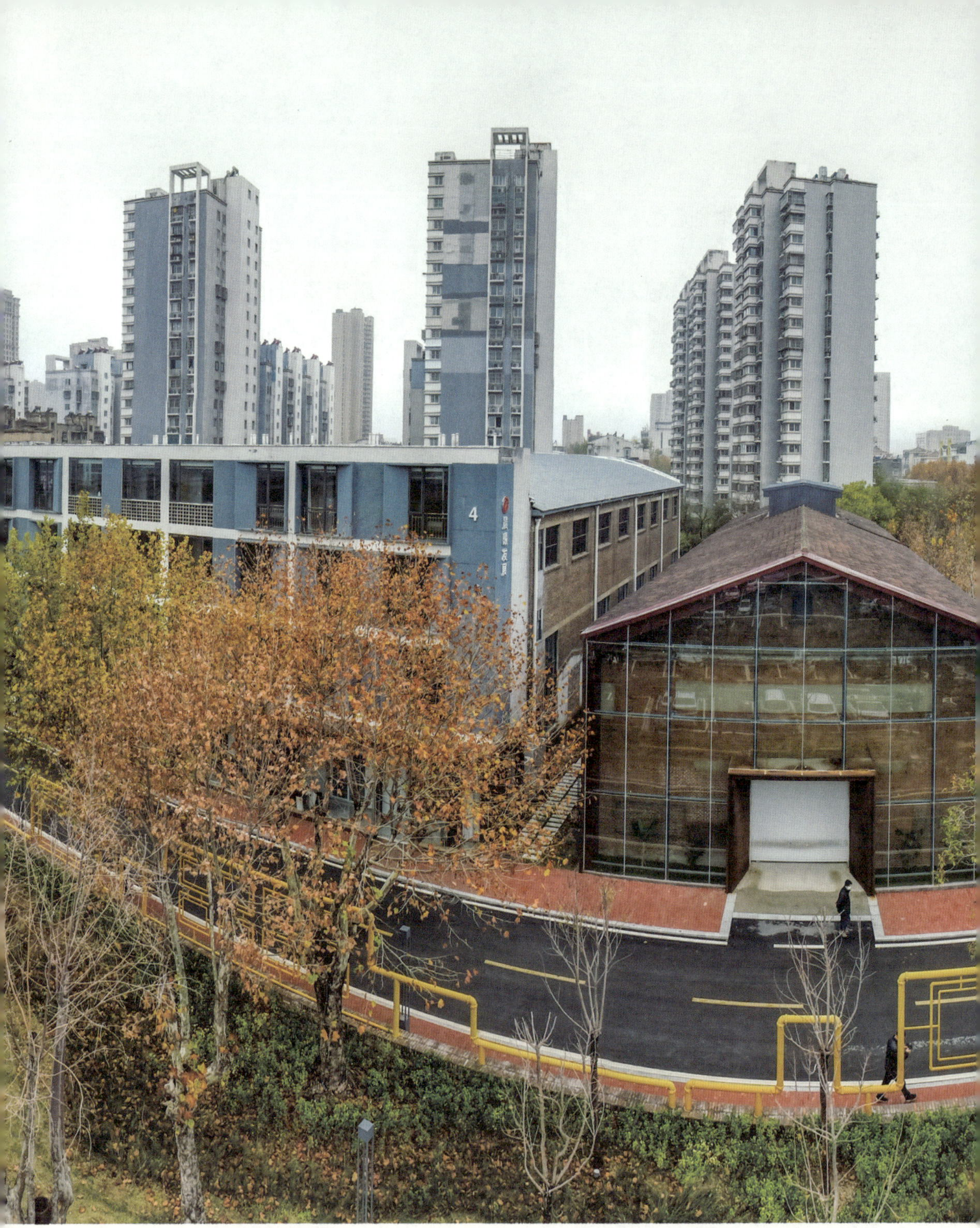
4

鼓楼创芯谷

5.2.5 丰树都市工业园

园区位于华润路以东、金丰路以西、鼓润路以南、三环北路以北，占地174亩，建筑面积约10万平方米，总投资8.5亿元，由丰淮仓储（徐州）有限公司投资建设，隶属世界500强企业新加坡淡马锡集团。

丰树都市工业园

园区入驻项目主要为智能制造、高端电器等高附加值产业，未来将打造集高新技术、智能制造、供应链于一体的特色化、高端化、集约化现代都市工业园。

5.2.6 跨境电商产业园

园区位于鼓楼区丰财街道下淀路170号，是江苏省首批跨境电商产业园试点。

园区由跨境出口集聚区、全球购进口商品直购广场和全球供应链服务区三大板块组成，是汇聚物流、商务流、信息流、资金流的重要平台，荣获江苏省省级巾帼创业创新孵化基地、徐州市基层党建示范点等多项荣誉。

跨境电商产业园

5.2.7 下淀科技产业园

园区位于鼓楼区广山路两侧，南邻三环东路，东临经济开发区，西距火车站1公里，北距地铁3号线300米，交通便利，周边配套设施齐全。园区主要有科技服务、高新技术、金融保险、建筑业等总部企业。

▎下淀科技产业园

5.2.8　启迪创新创业产业园

园区位于大马路99号，建筑面积约1.5万平方米，由启迪之星与鼓楼区政府、徐州市总工会合作共建。园区依托启迪之星在创新创业、企业孵化、人才引进、基金管理等方面的优势和资源，结合徐州市科技与经济发展情况以及在创业企业和创新人才培养等方面的实际需求，开展多方位合作，完善生态孵化产业链条，打造区域创新创业示范基地。

园区着力于新能源、智能制造、现代服务业、节能环保、文化创意、大健康等领域的发展,结合启迪之星各类服务平台,为初创企业的发展提供全方位的咨询支持服务。

5.2.9 鼓楼半导体产业园

园区位于鼓楼区徐运新河东路以东,沈孟大道以北,占地面积约57亩,建筑面积约8.4万平方米,共计6栋研发中心。园区结合区域主导产业的特点,吸引相关高新技术产业,形成上下游高端产业集群,打造聚合生产制造、研发设计、中试成果转化、产品展示和生产配套等于一体的都市型产业聚集地,实现高科技技术产业的迅速聚集与升级,提升区域形象和品牌,加快区域发展。

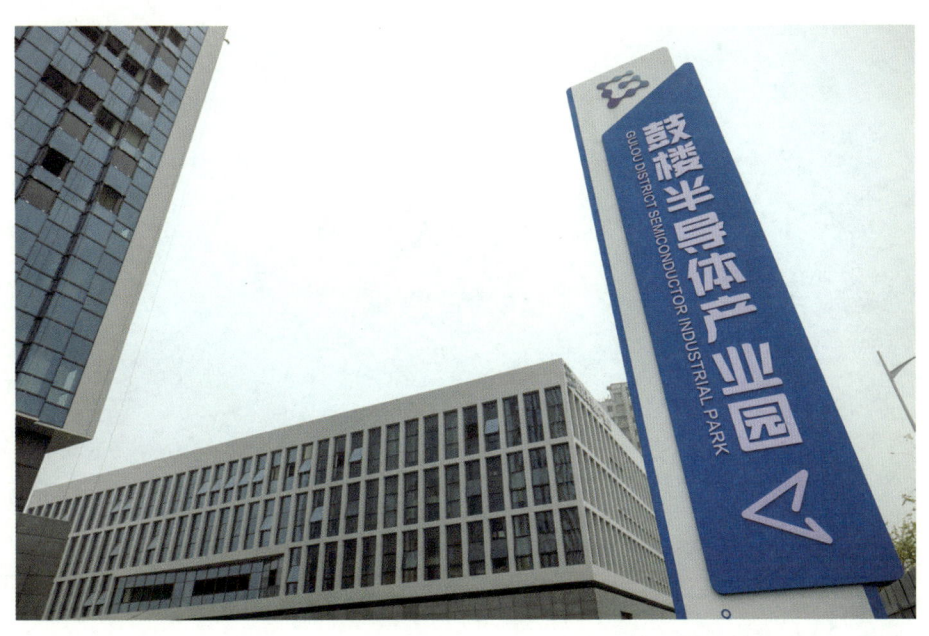

鼓楼半导体产业园

5.2.10 睿商龙湖现代商务产业园

园区位于鼓楼区中山北路西，鼓楼区政府北，占地面积约34亩，建筑面积约2.4万平方米，为徐州市首家低密度园林式现代商务产业园。

园区建筑均为独立二、三层办公楼，绿化率达60%，是集聚企业办公总部、双创空间、电子商务、现代服务业的园林办公园区，被评为市级现代服务业集聚区、电子商务示范园区、十大特色园区。

5.2.11 徐州创意68产业园

园区位于鼓楼区民主北路68号，距离市中心约5分钟车程，占地17.6亩，建筑面积约2.8万平方米。园区致力于打造淮海经济区最

徐州创意68产业园

大的文化产业集聚区，建成国家级现代服务业集聚区和文化产业基地，力争打造成国家级文化产业示范园区。

5.2.12 淮海文化科技产业园

园区位于鼓楼区黄河北路90号，规划面积为12万平方米，由鼓楼区政府和徐州工业职业技术学院联合打造。园区坚持"孵化优秀企业、培育创新人才、推动区域经济、实现共同发展"的宗旨，重点孵化科技服务软件开发与服务外包、动漫设计、电子商务、文化创意等行业。

园区先后荣获"国家级科技企业孵化器""全国高校实践育人创新创业基地""省级大学科技园""省级广告科技园""省级电子商务示范基地"等20余个国家、省、市级荣誉。

| 淮海文化科技产业园

大美鼓楼

淮海文化科技产业园

第五章　产业强区

5.2.13 淮海智慧科技产业园

园区位于鼓楼区殷庄路以东，殷庄南路以北，占地面积约45亩，建筑面积约13万平方米，投资总额约7.4亿元，建有3栋研发中心、1栋检测中心、5栋住宅等配套设施。

淮海智慧科技产业园

园区充分发挥在芯片和服务器技术方面的优势，集聚上下游领域构建产业链，通过专业的产业规划、资产导入和运营，形成以智能产业为主导、科技研发水平和成果转化能力领先的高新技术产业发展集聚区。

5.2.14 中煤新能源科创谷

园区位于鼓楼区中山北路以东，李沃南路以北，建筑面积约25万平方米，计划总投资约22亿元。园区以数字能源和智能装备为核心，以科技创业孵化为驱动，打造总部区、数字能源区、智能装备区、创业孵化区4个区域。

中煤新能源科创谷

5.2.15 鼓楼信息技术产业园

园区位于鼓楼区丁万河南、中山北路东。园区以打造安全可靠、自主可控的集成电路产业链，实现光通信产业链安全可靠、自主可控为目标。

园区对于徐州市、鼓楼区不断提升制造业创新能力、提高生产效率、优化制造业供给质量、实现制造服务业高质量发展具有重要意义。

鼓楼信息技术产业园

5.2.16 中国电子数字经济产业园

园区位于鼓楼区中山北路以东，沈孟大道以南，占地面积约136亩，计划投资约30亿元。

园区定位为徐州数字经济产业聚集区和数字与信息技术应用成果转化区，将建设信创技术联合攻关中心、徐州数字工厂服务平台、行业大数据实验室、智造产业培训及实训平台等，形成数字经济产业要素集聚区，推动徐州数字经济快速发展。

中国电子数字经济产业园效果图

5.2.17 八里国际家居交易产业园

园区位于鼓楼区北部,南起奔腾大道、北至台子河、西起金城路和殷庄路、东至津浦铁路和京杭大运河,规划用地面积7.54平方公里。园区包括核心区和发展区,有多家大型建材、家居、五金机电专业批发零售企业入驻,是鼓楼区一处大型建材家居批发市场。

八里国际家居交易产业园

第六章

民生福祉

鼓楼区始终坚持把实现好、维护好、发展好最广大人民的根本利益作为发展的出发点和落脚点，紧盯群众"急难愁盼"，真心实意为群众办实事、做好事、解难事，公共服务均等化水平显著提升，人民群众获得感、幸福感、安全感明显增强。近年来，鼓楼区荣获全国家校共育数字化试验区、全国基层中医药先进区、全国社区治理和服务创新实验区及省级居家和社区养老服务创新示范区等荣誉，"四项集成"改革荣获省基层社会治理成果奖。

6.1 社会治理

习近平总书记在党的二十大报告中指出，"完善社会治理体系"，"建设人人有责、人人尽责、人人享有的社会治理共同体"。鼓楼区作为一个城市老工业搬迁区、城乡接合部，新时代城市基层改革发展面临的新情况、新问题，倒逼社会治理工作必须坚持系统思维、勇于创新。

从2017年起，鼓楼区全面开展"美好鼓楼、精治共造"社会治理创新集成改革，在"党建+"的统领下，统筹各方力量实施"六维共治"工程，充分发挥善治、综治、自治、德治、法治、共治的协同推进作用，社会治理社会化、法治化、智能化、专业化水平全面提升。聚焦网格功能强化"四微"（微数据集成、微风险防控、微权力监管、微单元治理）治理，依托大数据分析和人工智能应用支撑"网络+网格"体系,着力打造"一网多层、一体多维、一格多元"的网格化全要素治理模式,形成共建共治共享的社会治理新格局,创造了基层社会治理的"鼓楼经验"。全区生产安全事故起数和死亡人数连续多年实现"双下降",扫黑除恶专项斗争取得重大战果,社会大局保持和谐稳定。

| 社会治理

为了打通社会治理的"神经末梢",建立起全社会多元参与,政府、社区、企业、居民、社会组织多方共建共治共享的社会治理新格局,鼓楼区以"建设智慧社区,打造云治理服务体系"为主题,建设智慧社区服务平台,覆盖全区68个社区、5个村,建构起数字化智慧网络体系,依托现代信息技术助推基层治理现代化。

智慧社区平台开通"居民办事"板块,将民政、人社、公安等多部门资源进行有效整合,200余项便民服务事项进入智慧社区平台公示，100余项政务服务实现不见面审批，有效推动了社区人员"腾出双手""迈开双腿""下沉"社区抓治理。凡是区级层面能审批完结的政务事项全部下放，变"群众跑腿"为"信息跑路"，实现了政务不见面办理。智慧社区平台还设立"移动党建"板块，设置了"微递鼓楼""家庭医生""文体旅游""智教鼓楼"等子板块，涵盖教育、卫健等部门的公共服务事项，为居民提供全方位的基本公共服务。智慧社区平台建立网上社区居委会，形成"一社区一网站""线上发现问题，线下解决问题""网上互动，网下行动""不见面办事，零距离服务"互动工作机制，推动社区党务政务居务、社会便民服务、生产生活服务的全天候、全时空、全领域的无缝隙保障供给，提升了社区治理服务的主动性、精准性、便捷性。

社会治理

位于鼓楼区丰财街道的基层社会治理文化馆是鼓楼区社会治理发展的一个缩影。该馆建成于2018年10月，2021年初提升改造并投入使用，被誉为全国首家街道级社会治理文化馆，室内面积约100平方米，记录着中国5000年来顶层社会治理与基层治理的发展历程，分不同时期介绍社会治理的"前世今生"，分为：原始社会—古代社会—古代少数民族—近代社会—革命时期—建国后—新时代新征程7个发展阶段。居民在这里参观学习，对正在开展的市域社会治理现代化有了更深的了解，提高了对网格化社会治理工作的认知度。

基层社会治理文化馆

基层社会治理文化馆

6.2 养老医疗

6.2.1 健康养老

近年来，鼓楼区聚焦居民需求，不断探索养老服务体系建设，推进各项优质服务资源向老年人的身边、家边和周边聚集，形成了以居家为基础、社区为依托、机构为补充、医养相结合的独具鼓楼特色的养老服务体系。鼓楼区鼓励发展"时间银行"、社区互助式养老等新模式，打造"15分钟居家养老服务圈"，获批全省第三批居家和社区养老服务改革试点，老年人群的获得感幸福感持续增强。

鼓楼全区共有居家和社区养老服务设施73个（其中街道日间照料中心9个、居家和社区养老服务中心62个、中心厨房2个），居家和社区养老服务设施覆盖率达到100%，运营服务率达到98.5%，依托专业社会组织为老年人开展生活照料、家政服务、康复护理、助餐、日托、文体活动等多种服务，每年为6万余名老年人开展累计约75万次服务。

6.2.2 卫生医疗

鼓楼区现有各级各类医疗服务机构220个，其中三级医院2个、二级专科医院6个、一级医院7个、社区卫生服务中心8个、社区卫生服务站26个以及村卫生室18个。

按照"强基层、求创新、谋发展"的整体思路，鼓楼区全面推进卫生健康事业的高质量发展，着力构建与人民群众健康需求相适应、与鼓楼区经济社会发展目标相衔接的现代健康服务体系，不断增强人民群众获得感和幸福感。鼓楼区依托市肿瘤医院成立城市医疗集团，并依托医疗集团组建区域互联网医院，全面提升基层医疗机构与三级医院的同质化、高质量发展水平。辖区内规范化社区卫生服务中心、中医馆、卫生应急社区和预防门诊标准化建设完成率与妇幼规范化门诊建成率均达到100%，居主城区第一。辖区内健康单位覆盖率居徐州各县市区第一。鼓楼区先后通过全国基层中药先进单位评审和省慢病综合防控示范区复评审，被确定为第四批省级健康促进区试点和省级"大基层"体系建设试点。2020年区卫健委被省委、省政府评选为抗击新冠肺炎先进集体。

卫生医疗

卫生医疗

6.3　乐育人才

鼓楼区现有各级各类学校32所（不含幼儿园），其中，初中4所，九年一贯制学校3所（含民办1所），小学24所，特教学校1所。全区中小学在校生38147人，其中初中7557人、小学30461人、特教学校129人。全区幼儿园57所，在园幼儿13391人。全区教职工4590人，其中，专任教师3549人。现有在职省特级教师14人、正高级教师5人、全国模范教师2人、"国家级万人计划教学名师"1人、"苏教名家培养对象"2人。近年来，鼓楼区获评全国中小学专任督导挂牌示范区、全国义务教育基本均衡示范区、全国新教学实验区、全国"家校共育"数字化项目试验区、省推动基础教育高质量发展实验区、省平安校园建设示范区、省首批STEM教育实验区，并被确定为全国青少年校园篮球"满天星"训练营基地。

6.3.1 民主教育集团

民主教育集团由民主路小学、万科城小学、民主实验学校、玉潭实验学校、九里山实验学校、第三十八中学小学部和梅园小学组成，以民主路小学为总校，实行纵向一体、横向联盟的管理模式。

民主路小学位于延平路19号，创建于1955年，坐落在风光旖旎的故黄河畔，有着优良的办学传统、丰厚的文化积淀。学校现有两个校区，占地18718平方米，64个教学班，3061名学生，180名教师。近年来，学校先后涌现出2名全国优秀教师和6名特级教师，

民主路小学

63名教师被评为市、区名教师，学科带头人和教学骨干。学校坚持"民主教育"的办学理念，着眼于"培养具有民主精神的公民"这一办学目标，不断完善、探索学科课程建设，构筑学科教学的基本范式，形成学科建设的校本表达。在办学的历程中，该校取得了丰硕成果，喜获全国文明校园、国家级绿色学校、全国民族团结进步创建活动示范单位、全国家校共育数字化项目实验区等各类殊荣。

6.3.2　鼓楼教育集团

鼓楼教育集团由鼓楼小学、煤港路小学、祥和小学、王场小学、崇信学校小学部和兴北小学组成。

鼓楼小学始建于1923年，至今已有百年的办学历史。学校坚持

鼓楼小学

贯彻"激扬生命活力，奠基智慧人生"的办学理念，打造"以鼓楼文化为载体的智慧教育品牌"，秉承"虚心实力，行健志远"的校训。1997年，斯霞、霍懋征等教育家曾来学校观摩教学活动，欣然题下"儿童的芳草地、快活林、智慧泉和创造园"。学校以"少年军校""男子篮球""科学教育"为突破口，培育学校特色，全面推进素质教育，荣获江苏省三星级实验小学、中国教育学会小学教育专业委员会实验学校、全国首批新试验基地学校、国家级国防教育特色学校、江苏省文明校园等百余项国家、省市级殊荣。

6.3.3 大马路教育集团

大马路教育集团纵向一体化系统有大马路小学、北辰小学和九龙湖小学，横向结对系统有东华小学、八里小学和生态园小学。集团遵循"共情、共享、共创、共赢"的核心发展理念，推动各学校走向优质发展。

大马路小学始建于1939年，地处老城区的核心地带。百年传承，重德育人。学校始终坚持"尊重生命、尊重儿童"的教育立场，始终坚守"厚积、至善"的教育准则。学校现有市、区级名教师，学科带头人，骨干教师57人。多年来，学校坚持践行"生命化教育"理念，致力于"生命全面而和谐、自由而充分、独特而创造地发展"。"让生命在教育中诗意地栖居"这一美好愿景，引领着每一位师生成为这种文化的传承者和创造者，形成更具包容性、整合性和创造性的文化氛围。

大马路教育集团

6.3.4 中山教育集团

中山教育集团以徐州市中山外国语实验学校为领衔校,有星源、兴东、下淀3所横向联盟校和白云山1所纵向一体校。

中山外国语实验学校以"现代化、高质量、有特色"为目标,秉承"让每一个儿童快乐学习、快乐成长"的快乐教育办学理念,努力成为儿童"求知的学园,成长的乐园,幸福的家园"。学校拥有24个教学班,1200多名学生。学校师资力量雄厚,拥有全国中小学英语教学名师、江苏省特级教师、江苏省优秀教育工作者、江苏省优秀班主任和市、区学科带头人及骨干教师30余人。学校先后获得全国外语实验学校、全国围棋教学实验研究基地、全国少先队红

中山教育集团

旗大队、江苏省教科研先进集体、江苏省陶行知研究实验学校等荣誉称号。

6.4 公共服务

6.4.1 鼓楼图书馆

鼓楼区图书馆位于平山北路云创科技园B1座，共四层，建筑面积5218平方米，具有全民性、便民性、综合性、智能化的鲜明特点。馆内设有特殊人群阅览区、少儿借阅区、公共借阅区、特色阅读区、期刊阅读区等阅读区域；设有读者接待区、多功能会议室、沙龙开放区、影音室、VIP阅读室等服务窗口。鼓楼图书馆功能齐全，设施先进，可以为广大读者提供便捷、优质的服务，能够满足群众多层次、多元化的阅读需求，能够让广大市民在繁忙的都市生活中感受到缕缕书香，让更多人共享公共文化惠民成果，更好地传承知识和力量。

鼓楼图书馆（许晨　摄）

6.4.2　鼓楼文化馆

鼓楼区文化馆位于奔腾大道南、马洪路西侧，面积约4600平方米，于2016年年底建成并免费对外开放。馆内有培训室、小剧场、非遗展厅、舞蹈排练厅等多种群众活动功能室，常年开展演出、培训、讲座、展览等特色活动。鼓楼文化馆打造了"文化鼓楼·百姓舞台"特色文艺演出品牌，让老百姓成为舞台的主人，并在自己家

第六章 民生福祉

门口享受一场场视听觉盛宴。

▎鼓楼文化馆

▎鼓楼文化馆

6.4.3 新时代文明实践中心

鼓楼区新时代文明实践中心依托区文化馆建设而成，按照"激活、整合、下沉、共享"的资源配置标准，优化整合图书馆、博物馆、未成年人活动中心等各类场馆，搭建理论宣讲、教育服务、文化服务、科技与科普服务、健康促进与体育服务、公共法律服务、绿色生活共享七大平台，构建起区、街道、社区、网格四级实体服务网络和鼓楼区新时代文明实践云平台，实现了志愿服务线上线下同步推进。

新时代文明实践中心

新时代文明实践中心本着"群众在哪里，文明实践就延伸到哪里"的工作原则，推进新时代文明实践向企事业单位、"两新组织"、爱国主义教育基地、红色资源阵地、学校等阵地延伸，共建成区中心1个、实践所8个、实践站73个、实践驿站1个、实践点20

第六章 民生福祉

新时代文明实践中心

个,打通了宣传群众、教育群众、关心群众、服务群众的"最后一公里"。

6.4.4 国潮汉风·城市书房

城市书房是基层文化生活的重要阵地,是社区居民沐浴书香、提升素养、寓教于乐的重要活动场所。近年来,鼓楼区全力打造15分钟文化生活圈,先后成立了"国潮汉风·米兰城市书房""国潮汉风·龟山文旅城市书房""国潮汉风·丰财惠民城市书房""国潮汉风·牌楼红引驿站城市书房"四个各具特色的城市书房,打通了城市文化功能的"最后一公里",为广大群众提供了更优质、更多元的精神文化服务,让全民阅读成为城市新风尚。

"国潮汉风·米兰城市书房"位于鼓楼区中山北路222号风尚米兰LOFT1号二层,面积约200平方米,藏书5000余册。针对居民的实际需求,所藏书籍在文学、居家、旅游、养老、健康等方面有所偏重,现已成为广大居民群众不打烊的"精神粮仓"。

城市书房

"国潮汉风·龟山文旅城市书房"位于风景宜人的龟山景区,周边有历史悠久的龟山汉墓、樱花遍野的辛山公园,还有即将开放的海洋极地世界。该城市书房既满足了游客闲暇时阅读的愿望,也提升了整个旅游景区的文化氛围。

"国潮汉风·丰财惠民城市书房"位于居民小区内,所藏图书以文学、居家、旅游、养老、健康等为主,真正做到了便民、利

第六章 民生福祉

城市书房

民，既为居民提供了舒适的阅读空间，也在无形中把文化元素置入了市民生活中。

"国潮汉风·牌楼红引驿站城市书房"位于君盛广场内，依托党建商圈联盟打造而成，突出"红色引领，红色阅读"特色。红色文化作为当代中国文化的价值核心和精神主体，应被群众所周知。该城市书房设置在人口流动大的商场内部，旨在让红色读物发挥好它自身的价值，把红色文化发扬出去。

城市书房

城市书房

6.5 生态宜居

6.5.1 龟山探梅园

龟山探梅园坐落于龟山汉墓东、平山北路以西,是徐州龟山民博文化园的重要组成部分,占地约2.4万平方米。园区种植了红梅、绿梅、乌梅、蜡梅、黑梅等两千余株梅树,以及桧柏球、红果东青、石楠球、金桂、枸骨等大量观赏植物。龟山探梅园是目前苏北地区最大的赏梅基地,与南京梅花山、苏州香雪海等一起被列为"江苏七大赏梅胜地"。

龟山探梅园

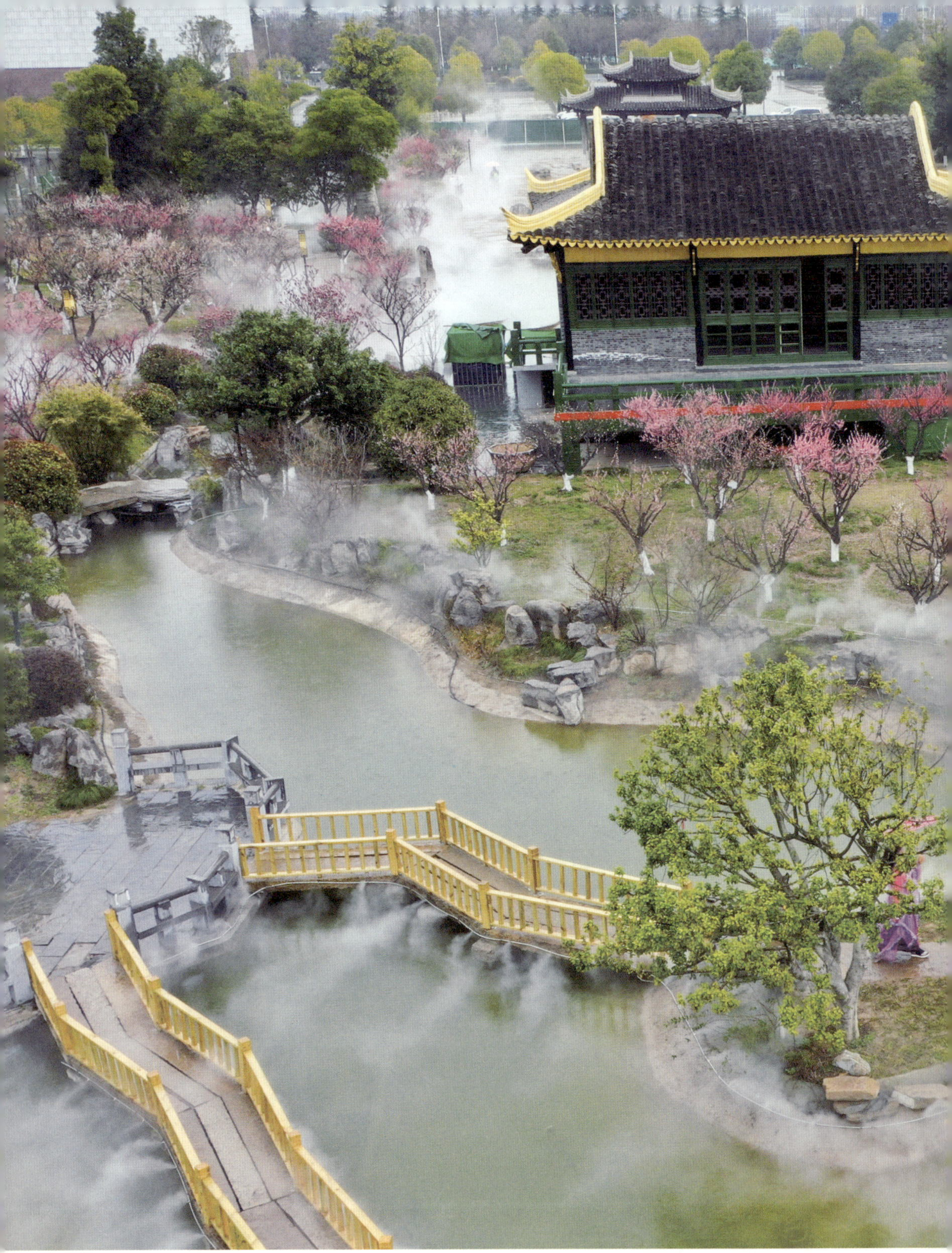

龟山探梅园（赵孝民　摄）

园区引入中国经典造园艺术中的曲桥、流水、假山、景墙等元素，结合当地环境，因地制宜，形成了特色鲜明的休闲、观赏、生态、文化新园林。同时，园区以"长寿文化"为元素，精心挑选百只形态各异的"灵龟""瑞兽"石块，与千余块天然风化原皮大石板铺就中央广场，既呼应了龟山的形与意，又蕴含了长寿和福气的美好意味。

著名诗人徐书信来此赏梅之后赋诗《梅花魂》赞曰："梅傲千姿雅，迎风蕊半开。赠君含雪朵，香自枕边来。"优美的诗句更使探梅园有了人文情怀，增添了传奇色彩。

6.5.2 徐州植物园

徐州市植物园位于二环北路北侧，占地共600亩，其中东园385亩，西园215亩。整个园区按功能分为5大区：植物专类园区、树木园区、盆景园区、观赏温室科普教育区、花卉交易展示区。

植物专类园包含植物类型多样，以蔷薇科植物为主，以海棠、月季、梅花、樱花、果树划分小区，另外还有木樨园、玉兰园、禾草园、柏类园、彩叶园、竹园、水生禾草园、药用植物园等多个专类小园区。

树木园以保存徐州乡土树种资源为主，按品种并结合景观营造方式栽植，专门划出暖温带植物南缘树木园区，在园区还设有亲子园。

盆景园是专门对盆景进行存放、培育、教学及展示等的专门性园林景观，占地约750平方米，主要有川派、扬派、苏派、海派、岭南派、徽派6大派系盆景。

观赏温室科普教育区主要以展览温室植物为主，占地约3500平方米，内有800多个品种，包括热带花卉与芳香植物、热带蕨类和露兜植物、热带雨林植物、水果能源植物、水生植物，分苏铁和凤梨展览区、珍奇植物展示区、棕榈展示区等，同时设有多媒体展示厅，结合声光电展示植物的生长过程。

观赏温室是一个集科普、游览、科研等功能于一体的综合性展馆，展馆位于植物园中轴线上，长72米，宽48米，高18米，为钢结构骨架搭配透明玻璃，仿若"绿盒子"屹立于植物园南入口轴线上。观赏温室共分为5个展区，分别为热带雨林区、热带果树区、多肉植物区、南国风情区、水生植物区，各分区由单程环路连接，小桥流水、山洞瀑布、架空廊道等利于游人从各种角度游览，是人们了解植物、感受自然、学习植物知识的重要科普教育基地，同时也是进行植物资源保护和科学研究的重要场所。观赏温室内引进热带、亚热带珍稀植物数千余株（棵）、850余种，这里的珍稀植物令人大开眼界。馆内还设置了很多雾化装置，每当游客经过，雾化装置会喷出水雾。这里雾气缭绕，让人仿佛置身于热带雨林，可以感受到南国风情。

花卉交易展示区是徐州市区较大的花卉奇石交易市场，来这里不仅可以挑选到鲜花盆景、观叶植物、仿真花及花卉用品，还能购买到观赏鸟、宠物、奇石根艺等。

6.5.3 辛山公园

辛山公园位于鼓楼区北，三环北路以南，九里山东路以北，天齐路以西，总占地面积为26万平方米。公园充分利用山体原有景

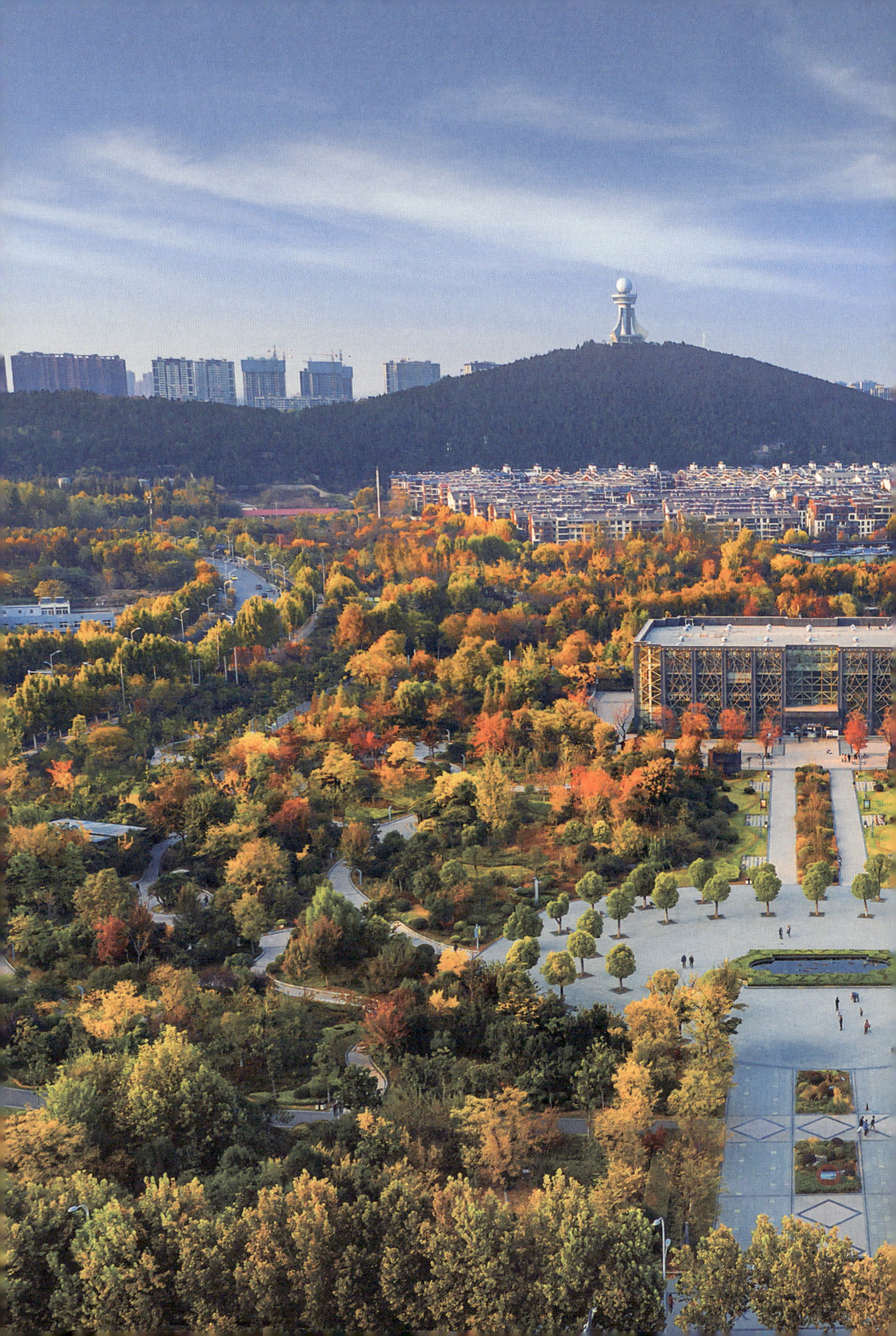

植物园

大美鼓楼

第六章 民生福祉

▍辛山公园

观，展现自然生态山地风貌，引进各类樱花品种，突出樱花主题，打造特色山体公园。辛山公园各景观点建有主次园路、休憩廊亭、服务建筑、停车场、篮球及羽毛球运动场、儿童游乐区等功能设施，形成一个集休闲游览、科普宣传教育及自然体验等功能于一体的城市山体公园，为园博园分园址项目之一。

辛山公园设有爬山廊、樱园、知樱亭、赏樱廊、知樱廊、络樱亭、樱花亭等以樱花为主题的景观点。公园共栽植樱花6000余株，品种有染井吉野樱、初美人樱、寒绯樱等40多个，将成为淮海经济区规模最大的樱花专类园及樱花植物学科普教育基地。

6.5.4 楚园

楚园位于鼓楼区北，东临襄王南路，西至规划道路，南隔文学

▍楚园

楚园

路，原本是丁万河景观带上的玉潭湖公园。为彰显西楚文化、建设城市生态美景，鼓楼区对玉潭湖公园实施敞园改造，并在此基础上建设了以浪漫、自由、奔放的西楚文化为主题的城市公园——楚园。改建后的楚园占地约43万平方米，其中水域面积约21万平方米，建有一湖一岛、两环三桥、五广场，为鼓楼区北部规模最大、规格最高、文化氛围最浓厚的景观公园。

6.5.5　欧乐堡海洋极地世界

欧乐堡海洋极地世界位于鼓楼区九里山东路北、平山北路东，总投资10亿元，占地面积为132.78亩，总建筑面积为121659平方米，是目前淮海经济区唯一的综合性海洋馆，已于2022年9月28日正式对外营业。该项目是集多功能厅、表演馆、极地馆、热带雨林四大功能展区为一体的综合性海洋科普基地，周边将建设海洋风格的主题酒店。欧乐堡海洋极地世界是山东蓬莱八仙过海旅游集团投资建设的第五个海洋馆，填补了淮海经济区海洋文旅产业的空白。该项目辐射苏、鲁、豫、皖等区域，将进一步集聚城市旅游人气、扩大城市影响力，并成为徐州市新的经济增长点和文旅产业蓬勃发展的新引擎。

欧乐堡海洋极地世界

第七章

人文荟萃

城市文化是城市的生命，它反映了城市的精神状态，是城市文明程度的集中体现，影响着城市的品位和城市发展潜力。一个城市有没有历史记忆，有没有文化个性和特色，往往在一定程度上决定着这个城市的活力、吸引力和生命力，决定着城市的资源利用效率、综合竞争能力和居民生活质量。近年来，鼓楼区致力于挖掘红色文化资源和传承中华优秀传统文化，努力推动鼓楼区文化软实力的提升。

7.1　红色文化

7.1.1　"八号门事件"旧址

1915年，陇海铁路修到徐州，在北城门外修建了火车站。民国时期，徐州城区由铜山县（今铜山区）管辖，该车站因此取名为铜山站。为严格限制工人自由，外国资本家在铜山站机修大厂设置了唯一出入口——八号门，其开关时间完全由洋雇员决定，工人们一进厂就如同进了牢笼，故称此门为"鬼门关"。

在法国、比利时等帝国主义国家和北洋军阀政府的残酷统治下，徐州铁路工人遭受了深重的政治压迫和经济剥削。洋人在车站里住着欧式小洋房，工资百倍于中国工人；中国工人不仅生活极为贫困，而且被洋人任意打骂和侮辱。洋人甚至异想天开，命人制作了一副石质象棋，每枚棋子重达14公斤，大如磨盘，又用水泥浇筑

第七章 人文荟萃

成棋盘，用钢轨焊接成棋盘线。两名洋人面对面坐在高台上对弈，两边各站立两名中国工人，为他们在巨型棋盘上前后搬动棋子。

石质象棋

1921年11月8日下午下班时间，劳累了一天的工人们正要出厂回家，可守门者不但不开门放行，反而对工人进行恫吓威胁，横加阻拦。经过两个多小时的僵持，工人越聚越多，群情激愤，最终挤开栅门散去。事后，外国资本家企图借此镇压工人的反抗，破坏工人组织"老君会"，诬称"老君会"的两位负责人是故意"砸门而出"、聚众闹事，拘押两人并宣布"开除"两人。这就是铜山站"八号门事件"。

"八号门事件"点燃了铁路工人的怒火，徐州"老君会"决定发动罢工抗议铁路当局，并派人前往开封、郑州、洛阳等站，联系、商讨陇海铁路全线罢工事宜。11月20日上午，铜山站工人选出了罢工委员会，在姚佐唐的带领下率先罢工。当日午后，陇海铁路沿线各站分别举行了罢工誓师大会，宣布陇海铁路全线大罢工。铁路工人众志成城，持续7天的罢工使铁路当局损失30余万元。洋人和军阀被迫改变强硬态度，于11月26日答应了工人们所提的全部经济诉求和政治诉求。在罢工中，陇海铁路铜山站工会宣告成立。翌年春，铜山站建立了徐州第一个中国共产党组织——陇海铁路徐州站支部。

· 137 ·

为迎接建党100周年，江苏省民政厅、省委党史工作办公室、省文化和旅游厅、省退役军人事务厅、省地方志编撰委员会办公室联合发布江苏首批100个红色地名，"八号门事件"旧址成功入选。

▎"八号门事件"旧址

7.1.2 吴亚鲁革命活动旧址

吴亚鲁是中国共产党徐州地方组织的创始人。1919年，吴亚鲁考入南京高等师范学校。在校读书期间，他深受"五四"运动反帝、反封建思想的影响，如饥似渴地追求革命真理，1922年加入了中国共产党。1923年8月,吴亚鲁从南京高等师范学校毕业后受党的派遣,到徐州开展党的工作,于1924年6月成立了徐州社会主义青年团,于1925年6月筹建了徐州地方第一个中国共产党支部。

吴亚鲁来徐州后,公开身份是江苏省立第三女子师范学校(现为徐州高等师范学校)教员。他以省立第三女子师范学校为主要活动阵地,积极开展革命工作,宣传马列主义,揭露与抨击北洋军阀的黑暗统治,引导学生积极向封建制度宣战。他还经常组织学生秘密集会,创办了徐州第一个"社会妇女识字班",组织妇女剪发放足,学习文化,参加革命活动。

吴亚鲁

他发动思想进步的学生组成了"徐州青年互助社",并在学校积极开展建团工作,发展了第一批社会主义青年团员(6人)。在徐州的早期共产党员中,"小萝卜头"的母亲徐林侠,就是吴亚鲁发展的第一批团员之一。继上海、南京之后,江苏省因此成为第三个建团的城市。

1925年1月26日,吴亚鲁以徐州团组织代表的身份参加了中国社会主义青年团在上海召开的第三次全国代表大会。同年6月,上海"五卅"惨案的消息传到徐州后,吴亚鲁带领团员发动群众,积极开展声援活动,在省立第三女子师范学校内掀起学潮,赶走了压制学生运动的顽固派校长。

在发展团组织的同时,吴亚鲁也十分注重对党组织的发展。

大美鼓楼

第七章 人文荟萃

1925年6月，吴亚鲁成立了中共徐州支部，并担任支部书记。吴亚鲁开展的党、团组织活动，在徐州的地方党组织建设中占有非常重要的地位。

1938年秋，吴亚鲁由八路军驻湘办事处被派往平江县嘉义镇"新四军平江嘉义留守通讯处"任秘书主任。1939年6月12日下午，国民党反动派制造了震惊全国的"平江惨案"——派兵包围新四军平江嘉义留守通讯处，将新四军参谋、湘鄂赣特委书记涂正坤骗出机关杀害后，又冲进留守通讯处企图拘押负责人。吴亚鲁为了掩护其他同志，

▌ 吴亚鲁革命活动旧址

吴亚鲁

挺身而出，大声说道："我就是负责人，有事找我！"随即与敌人展开英勇搏斗，中弹后仍高呼口号，壮烈牺牲，年仅41岁。

位于鼓楼区彭城壹号街区的"吴亚鲁革命活动旧址"，现为市级文物保护单位。

7.2 文学吟咏

7.2.1 黄楼抒怀

九日黄楼作

（宋）苏轼

去年重阳不可说，南城夜半千沤发。

水穿城下作雷鸣，泥满城头飞雨滑。

黄花白酒无人问，日暮归来洗靴袜。
岂知还复有今年，把盏对花容一呷。
莫嫌酒薄红粉陋，终胜泥中事锹锸。
黄楼新成壁未干，清河已落霜初杀。
朝来白露如细雨，南山不见千寻刹。
楼前便作海茫茫，楼下空闻橹鸦轧。
薄寒中人老可畏，热酒浇肠气先压。
烟消日出见渔村，远水鳞鳞山齾齾。
诗人猛士杂龙虎，楚舞吴歌乱鹅鸭。
一杯相属君勿辞，此境何殊泛清霅。

【作者简介】苏轼（1037年—1101年），字子瞻，一字和仲，号铁冠道人、东坡居士，世称苏东坡、苏仙、坡仙，汉族，眉州眉山（今四川省眉山市）人，祖籍河北栾城，北宋文学家、书法家、美食家、画家，历史治水名人。1077年4月至1079年3月，苏轼在徐州任知州。时间虽然很短，但是苏轼的业绩很辉煌。他不仅带领民众抗击洪水、旱灾，还带领人们寻找煤炭，对徐州的发展做出了非常重要的贡献。他不仅在徐州多个地方游历，例如云龙山、黄楼、燕子楼等，并赋诗填词讴歌徐州的大好河山，还亲自为民众题字作画。苏轼在徐州的时间虽短，但是非常受百姓尊重。

黄楼

徐州黄楼歌寄苏子瞻

（宋）郭祥正

君不见彭门之黄楼，楼角突兀凌山丘。

云生雾暗失柱础，日升月落当帘钩。

黄河西来骇奔流，顷刻十丈平城头。

浑涛春撞怒鲸跃，危堞仅若杯盂浮。

斯民嚣嚣坐恐化鱼鳖，刺史当分天子忧。

植材筑土夜连昼，神物借力非人谋。

河还故道万家喜，匪公何以全吾州！

公来相基垒巨石，屋成因以黄名楼。

黄楼不独排河流，壮观弹压东诸侯。

重檐斜飞掣惊电，密瓦莹静蟠苍虬。

乘闲往往宴宾客，酒酣诗兴横霜秋。

沉思汉唐视陈迹，逆节怙险终何求？

谁令颈血溅砧斧？千载付与山河愁。

圣祖神宗仗仁义，中原一洗兵甲休。

朝廷尊崇郡县肃，彭门子弟长欢游。

长欢游，随五马，但看红袖舞华筵，不愿黄河到城下。

【作者简介】 郭祥正（1035年—1113年），北宋诗人，字功父，一作功甫，自号谢公山人、醉引居士、净空居士、漳南浪士等，当涂（今属安徽）人。皇祐五年（1053年）进士，历官秘书阁校理、太子中舍、汀州通判、朝请大夫等，虽仕于朝，不营一金，所到之处，多有政声。一生写诗1400余首，著有《青山集》30卷。他的诗风纵横奔放，酷似李白。

黄楼赋

（宋）苏辙

熙宁十年秋七月乙丑，河决于澶渊，东流入钜野，北溢于济，南溢于泗。八月戊戌，水及彭城下。

余兄子瞻适为彭城守，水未至，使民具畚锸、畜土石、积刍茭、完室隙穴以为水备，故水至而民不恐。自戊戌至九月戊申，水及城下，有二丈八尺，塞东、西、北门，水皆自城际山，雨昼夜不止。子瞻衣制履屦，庐于城上，调急夫、发禁卒以从事，令民无得窃出避水，以身帅之，与城存亡，故水大至而民不溃。

方水之淫也，汗漫千余里，漂庐舍，败冢墓，老弱蔽川而下，壮者狂走，无所得食，槁死于丘陵林木之上。子瞻使习水者浮舟楫、载糗饵以济之，得脱者无数。

水既涸，朝廷方塞澶渊，未暇及徐。子瞻曰："澶渊诚塞，徐则无害。塞不塞天也，不可使徐人重被其患。"乃请增筑徐城，相水之冲，以木堤捍之。水虽复至，不能以病徐也，故水既去而民益亲。于是即城之东门为大楼焉，垩以黄土，曰："土实胜水。"徐人相劝成之。

辙方从事于宋，将登黄楼览观山川，吊水之遗迹，乃作黄楼之赋。

其辞曰：子瞻与客游于黄楼之上，客仰而望，俯而叹，曰："噫嘻殆哉！在汉元光，河决瓠子，腾蹙钜野，衍溢淮泗，梁、楚受害，二十余岁。下者为污泽，上者为沮洳。民为鱼鳖，郡县无所。天子封祀太山，徜徉东方，哀民之无辜，流死不藏，使公卿负薪以塞宣房，瓠子之歌，至今伤之。嗟唯此邦，俯仰千载，河东倾而南泄，蹈汉世之遗害。包原隰而为一，窥吾墉之摧败。吕梁龃龉，横绝乎其前，四山连属，合围乎其外。水洄洑而不进，环孤城以为海。舞鱼龙于隍壑，阅帆樯于睥睨。方飘风之迅发，震鞞鼓之惊骇。诚蚁穴之不救，分闾阎之横溃。幸冬日之既迫，水泉缩以自退、栖流枿于乔木，遗枯蚌于水裔。听澶渊之奏功，非天意吾谁赖？今我与公，冠冕裳衣，设几布筵，斗酒相属，饮酣乐作，开口而笑。夫岂偶然也哉？"

子瞻曰："今夫安于乐者，不知乐之为乐也，必涉于害者而后知之。吾尝与子凭兹楼而四顾，览天宇之宏大，缭青山以为城，引长河而为带，平皋衍其如席，桑麻蔚乎旆旆。画阡陌之纵横，分园庐之向背。放田渔于江浦，散牛羊于埵际。清风时起，微云霡霂。山川开阖，苍莽千里。东望则连山参差，与水背驰，群石倾奔，绝流而西。百步涌波，舟楫纷披，鱼鳖颠沛，没人所嬉。声崩震雷，城堞为危。南望则戏马之台、巨佛之峰，岿乎特起，下窥城中。楼观翱翔，巍峨相重。激水既平，渺莽浮空。骈洲接蒲，下与淮通。西望则山断为块，伤心极目，麦熟禾秀，离离满隙。飞鸿群往，白鸟孤没，横烟澹澹，俯见落日。北望则泗水淡漫，古汴入焉，汇为涛渊，蛟龙所蟠。古木蔽空，乌鸟号呼。贾客连樯，联络城隅。送夕阳之西尽，导明月之东出。金钲涌于青嶂，阴氛为之辟易，窥人寰而直上，委余彩于沙碛，激飞槛而入户，使人体寒而战栗，息汹汹于群动，听川流之荡潏，可以起舞相命，一饮千石，遗弃忧患，超然自得。且子独不见夫昔之居此者乎？前则项籍、刘戊，后则光弼建封，战马成群，猛士成林，振臂长啸，风动云兴。朱阁青楼，舞女歌童，势穷力竭，化为虚空。山高水深，草生郊墟。盖将问其遗老，既已灰灭而无余矣。故吾将与子吊古人之既逝，闵河决于畴昔，知变化之无在，付杯酒以终日。"

于是众客释然而笑，颓然就醉，河倾月堕，携扶而出。

【作者简介】苏辙（1039年—1112年），字子由，一字同叔，眉州眉山人，北宋官员、文学家，"唐宋八大家"之一。苏辙与父亲苏洵、兄长苏轼齐名，合称"三苏"。其学问深受其父兄的影响，以散文著称，擅长政论和史论。苏轼称其散文

"汪洋澹泊，有一唱三叹之声，而其秀杰之气终不可没"。其诗力图追步苏轼，风格淳朴无华，文采少逊。苏辙亦善书，其书法潇洒自如，工整有序。

黄楼赋

（宋）秦观

惟黄楼之瑰玮兮，冠雉堞之左方。挟光晷以横出兮，干云气而上征。既要眇以有度兮，又洞达而无旁。斥丹艧而不御兮，爰取法乎中央。列千山而环峙兮，交二水而旁奔。冈陵奋其攫拿兮，溪谷效其吐吞。览形势之四塞兮，识诸雄之所存。意天作以遗公兮，慰平日之忧勤。繄大河之初决兮，狂流漫而稽天。御扶摇以东下兮，纷万马而争前。象罔出而侮人兮，螭蜃过而垂涎。微精诚之所贯兮，几孤墉之不全。偷朝夕以昧远兮，固前识之所羞。虑异日之或然兮，复压之以兹楼。时不可以骤得兮，姑从容而浮游。傥登临之信美兮，又何必乎故丘。觞酒醪以为寿兮，旅肴核以为仪。俨云髻以侍侧兮，笑言乐而忘时。发哀弹与豪吹兮，飞鸟起而参差。怅所思之迟暮兮，缀明月而成词。噫！变故之相诡兮，逐传马之更驰。昔何负而遑遽兮，今何暇而遨嬉。岂造物之莫诏兮，惟元元之自贻。将苦逸之有数兮，畴工拙之能为。魕哲人之知其故兮，蹈夷险而皆宜。视蚊虻之过前兮，曾不介乎心思。正余冠之崔嵬兮，服余佩之焜煌。从公游于斯楼兮，聊裴回以徜徉。

【作者简介】 秦观（1049年—1100年），江苏高邮人，字少游，一字太虚，被尊为婉约派一代词宗，别号邗沟居士，学者称其为淮海居士。苏轼曾戏呼其为"山抹微云君"。神宗元丰八年（1085年）进士，曾任太学博士、秘书省正字、国史院编修官。政治上倾向旧党，哲宗时"新党"执政，被贬为监处州酒税，徙郴州，编管横州，又徙雷州，至藤州而卒。

黄楼

登黄楼作

（清）爱新觉罗·弘历

岩峣杰搆俯徐城，黄垩还存玉局名。

作镇千秋彭与沛，祀贤并坐弟和兄。

我诗杰句真无就，夫子当年妙独成。

太守为民犹切意，况吾饥溺敢忘情。

【作者简介】爱新觉罗·弘历（1711年—1799年），清朝第六位皇帝，定都北京之后的第四位皇帝，年号"乾隆"，寓意为"天道昌隆"。在位60年，禅位后又继续训政，实际行使最高权力长达63年零4个月，是中国历史上实际执掌国家最高权力时间最长的皇帝，也是最长寿的皇帝。

7.2.2 彭祖之叹

彭祖井

（唐）皇甫冉

上公旌节在徐方，旧井莓苔近寝堂。

访古因知彭祖宅，得仙何必葛洪乡。

清虚不共春池竟，盥漱偏宜夏日长。

闻道延年如玉液，欲将调鼎献明光。

第七章　人文荟萃

【作者简介】 皇甫冉（约717年—771年），字茂政，安定朝那（今甘肃省泾川县）人，唐朝时期大臣，大历十才子之一，是晋代高士皇甫谧之后。工于诗，其诗清新飘逸，多有漂泊之感。

彭祖

题彭祖楼

（唐）薛能

新晴天状湿融融，徐国滩声上下洪。
极目澄鲜无限景，入怀轻好可怜风。
身防潦倒师彭祖，妓拥登临愧谢公。
谁致此楼潜惠我，万家残照在河东。

【作者简介】薛能,字太拙,唐代汾州人,武宗会昌六年（846年）进士第,补盩厔县尉,历任嘉州刺史、工部尚书等职,癖于诗,日赋一章,有《江山集》《许昌集》。

登彭祖楼

（宋）陈师道

城上危楼江上城,风流千载擅佳名。
水兼汴泗浮大阔,山入青齐焕眼明。
乔木下泉余故国,黄鹂白鸟解人情。
须知壮士多秋思,不露文章世已惊。

【作者简介】陈师道（1053年—1102年）,字履常,一字无己,号后山居士,徐州彭城（今江苏徐州市）人,北宋三司盐铁副使陈洎之孙,北宋时期大臣、文学家,"苏门六君子"之一,江西诗派重要作家。元祐初年,因苏轼荐其文行,起为徐州教授,历仕太学博士、颍州教授、秘书省正字。一生安贫乐道,闭门苦吟,有"闭门觅句陈无己"之称。陈师道亦能作词,其词风格与诗相近,以拗峭惊警见长。但其诗、词存在着内容狭窄、词意艰涩之病。

7.2.3 九里山怀古

题九里山白云洞

（宋）王延轨

早向珠囊见，今亲历洞门。

削成青玉壁，擘破白云根。

冷射筇□□^注，色浓古藓痕。

坐来肌骨爽，山雾湿琴樽。

注：此处为两缺字，已不可考。

【作者简介】王延轨，曾任太子舍人，宋徽宗政和中为朝散大夫。

白云洞

九里山前作战场

（明）施耐庵

九里山前作战场，　牧童拾得旧刀枪。

顺风吹动乌江水，　好似虞姬别霸王。

【作者简介】 施耐庵（1296年—1370年），明代文学家，名耳，又名肇瑞、彦端，字子安，号耐庵，或称"钱塘施耐庵"。江苏兴化人，祖籍苏州，出生于兴化县白驹场（今属于兴化市新垛镇施家桥、盐城市大丰区白驹镇一带），是中国四大名著之一《水浒传》的作者。《水浒传》是中国第一部赞扬农民起义的长篇章回体小说，在中国和世界文学史上具有重要意义，施耐庵也因此被誉为"中国长篇小说之父"。

九里山

（明）马蕙

天空野烧连坡下，落日苍烟接沛中。

惟有磨旗踪迹异，年年常见白云封。

【作者简介】马蕙，字彦芳，徐州人。明宣德时举人，历任曹县、上蔡教谕，汝宁教授。其墓在九里山下，时任吏部尚书的李秉为其撰写墓表。

九里山（陈文成 摄）

九里山

7.3 鸾翔凤集

7.3.1 鼓楼榜样

鼓楼区突出身边榜样、凡人善举的社会影响力，努力用身边事教育身边人，深入开展"鼓楼榜样"道德实践活动，学习榜样、争做榜样已经成为鼓楼道德建设的"新常态"，为鼓楼经济社会发展汇聚了强大的道德力量。截至2022年9月，全区共当选"中国好人"18人、"江苏好人"27人、"徐州好人"30人、"新时代好少年"11人，69个个人和集体当选"鼓楼榜样"。本书仅向读者展示近年来鼓楼区涌现出的部分中国好人和江苏好人。

在榜样人物的示范带动下，全区600余个社会组织、近20万名市民积极参与道德实践行动，投身新时代文明实践中心建设、社会治理、创建全国文明城市等重点工作中，榜样精神在鼓楼大街小巷全面落地生根。

1. 中国好人　王明海

王明海，男，1970年出生，中共党员，现任徐州市公安局交警支队鼓楼大队教导员。2012年9月12日上午8点40分左右，一名酗酒男子因为找工作与人发生纠纷，手持菜刀在马路上寻找雇主。交通协管员高怀金和另外一名群众，已被砍伤。此时正是上班高峰，周围人头攒动，这名挥舞菜刀的男子还继续疯狂向周围群众乱砍。正在大马路铜牛附近执行"护学岗"任务的王明海上前制止，与该男子展开搏斗，后在群众帮助下，合力将男子制伏。王明海身受重伤，脸部有2处刀伤，深及骨头，刀口均近10厘米，伤势严重，并且失血过多。经过治疗，最终伤口被密密麻麻缝合了100多针。2013年1月，王明海当选"中国好人榜"见义勇为类好人。

2. 中国好人　王玉华

王玉华，女，1937年出生，鼓楼区九里街道刘楼村居民。从1984年至今，王玉华一直坚持照顾丈夫（郭远道）家的智障弟媳和身患强直性脊柱炎的侄子。1984年，郭远道的弟弟与一智障女子结婚。长嫂如母，从弟弟结婚那天起，王玉华义不容辞地开始照顾弟媳和他们的两个孩子。1996年，年仅10岁的大侄子被查出患有股骨头坏死，2000年又被查出患有强直性脊柱炎，郭远道也突发脑血栓瘫痪在床。王玉华把两张病号床全放在了自己的屋里，对他们轮流伺候。16年前，王玉华的老伴去世，84岁的王玉华仍然坚持照顾智障的弟媳两口子和瘫痪在床的大侄子。她用无私的爱，艰辛地呵护着这个家。2013年8月，王玉华当选"中国好人榜"孝老爱亲类好人。

3. 中国好人　侯敬军

侯敬军，男，1964年出生，鼓楼区环城街道办事处祥和小区居民。20多年前，侯敬军的儿子侯杨药物中毒。夫妇俩四处求医，花光了积蓄，最终也没能治愈儿子的耳疾。1994年，妻子杨丽确诊为红斑狼疮、类风湿、Ⅰ型糖尿病，后又因糖尿病恶化并发心脏病，身体渐弱，卧床不起，生活不能自理。20多年来，侯敬军悉心照顾聋哑的儿子，日夜守护身患重病的妻子。在他的精心呵护下，儿子顺利茁壮成长。在他的悉心照顾下，妻子的病情得到了控制。夫妻间的理解、恩爱增强了妻子战胜病魔的信心。他用无私的爱为病妻聋儿撑起了一个完整的家。2013年10月，侯敬军当选"中国好人榜"孝老爱亲类好人。

4. 中国好人　孙文亚

孙文亚，男，1964年出生，原徐州风动工具厂工人，居住在鼓楼区王场新村。自2002年下岗失业后，孙师傅到处打零工，攒了一点儿钱。2012年在父母的帮助下（父母把自己的一套房子让出来），孙文亚开了一家面馆。由于面馆离汽车检测站很近，且孙师傅手艺好、服务态度好，许多验车的师傅都到孙家面馆来就餐。这些人因为赶时间，经常把包和手机忘在孙师傅的面馆里。近年来，孙师傅共拾到手机五六部，现金十几万，还有手提电脑等贵重物品，孙师傅都一一还给了失主。2015年5月，孙文亚当选"中国好人榜"诚实守信类好人。

5. 中国好人　李玉桂

李玉桂，男，1954年出生，住在鼓楼区琵琶街道办事处新台子社区七组，是鼓楼区卫生管理处的一名环卫工人。李玉桂乐于助人,是出了名的"社区好人"。2015年4月10日下午三点多,台子河上传来呼救声——一名7岁男孩在村头河边玩耍时不慎落水。正在家门口剥花生的李玉桂听到呼救声后,一个箭步冲了过去。面对危在旦夕的男孩,他一头就钻进了冰冷的河水中。当他使出全身力气把落水儿童救上岸时,已精疲力竭,体力不支。他冻麻的双腿已无力向岸上攀爬,加上河岸又陡又高,始终上不了岸,在岸上两位建筑工人的帮助下,转移到数十米外的河尽头才被从斜坡处拉上岸。2016年1月,李玉桂当选"中国好人榜"见义勇为类好人。

6. 中国好人　黄希来

黄希来,男,1971年出生,中铁十局集团有限公司第四工程公司济南制梁场领工员,鼓楼区居民。他将义务献血、挽救他人生命当成自己最大的幸福。1998年以来,黄希来随着工程项目辗转全国数个省份,每到一个城市,他都会先摸清献血站在哪儿。他坚持每年至少义务献血2次,已义务献血近2万毫升。2008年,他报名成为一名捐献造血干细胞志愿者。2010年6月,他完成了造血干细胞捐献,成功挽救了一名白血病人的生命。汶川、雅安地震后,黄希来第一时间捐款捐物。多年来,他先后为9名贫困山区的孩子捐助学费3万余元。2017年4月,黄希来荣登"江苏好人榜"。2017年5月当选"中国好人榜"助人为乐类好人。

7. 江苏好人　李书明

李书明,男,1962年出生,鼓楼区丰财街道白云山社区居民。20多年来,他以诚信为本,经营"李记一品香"包子铺,始终坚持用上好食材和配料制作早点。从2002年开始,每逢春节和中秋,他都给社区里的困难户发放爱心卡,让他们可以在店里免费吃一周早点。2016年，李书明荣获"全国先进个体工商户"称号，受到前国务院总理李克强同志的亲切接见。2017年8月，李书明荣登"江苏好人榜"。

8. 江苏好人　杨笑

杨笑，男，1992年出生，徐工科技公司铲运机械事业部员工，鼓楼区黄楼街道居民。2013年12月18日，他报名成为一名造血干细胞捐献志愿者。2016年8月9日，历经4个多小时的造血干细胞采集，他成功挽救了一名13岁女孩的生命。2017年10月，杨笑荣登"江苏好人榜"。

9. 江苏好人　张学喜

张学喜，男，1964年出生，鼓楼区丰财派出所民警。2018年1月8日凌晨，一名20多岁的女子将身体探出窗外欲跳楼。千钧一发之际，张学喜立即冲上前去。就在女子整个身体都要跳出窗外时，张学喜双手紧紧抓住了女子的衣服，并对其进行疏导、劝说，以稳定她的情绪。经过一番挣扎，这名女子的双脚站在了3楼窗户的雨搭上，上身则被张学喜用双手紧紧抓住。就这样，张学喜硬生生地抓住女子近20分钟，直到消防队员赶到将该女子救下。张学喜曾先后获得优秀公务员、"分局人民满意警察"等荣誉称号。2018年2月，张学喜荣登"江苏好人榜"。

10. 江苏好人　张振刚

张振刚，男，1970年出生，鼓楼区九里街道万科城社区居民、徐州彭城580志愿者服务中心主任。他从2009年开始参与公益活动，2014年创立彭城580志愿者服务中心。10多年来，他带领志愿者们开展扶贫帮弱等公益活动，特别是在徐州市创建全国文明城市期间，彭城580志愿服务队主动参与到街道保洁、铲除小广告等工作中去，发挥了积极作用。2019年8月，张振刚荣登"江苏好人榜"。

11. 江苏好人　骆婷

骆婷，女，1977年出生，鼓楼区牌楼街道鼓楼花园社区党委书记、居委会主任。2003年以来，骆婷始终坚持把关心群众利益贯穿于各项工作中，她带领社区党员和群众让昔日"老、旧、散、弃"的社区焕发新的活力。对于社区的留守儿童、高龄老人、失独家庭等特殊群体，骆婷带领社区群众打造了三大公益服务平台，累计服务群众3000余人次。新冠疫情期间，面对丈夫不幸遭遇车祸离世的特殊情况，骆婷顶住悲痛，带领社区团队昼夜奋战在抗疫一线，为5244名居民守住了家园和阵地。骆婷荣获"全国优秀共产党员""全国抗击新冠肺炎疫情先进个人"，并当选党的二十大代表。2020年10月，骆婷荣登"江苏好人榜"。

12. 江苏好人　操文斌

操文斌，男，1990年出生，中共党员，徐州市消防救援支队鼓楼区孟家沟站副站长。2022年3月来，操文斌加入市应急救助服务专班，带领30名骨干消防战士成立"徐州消防抗疫保障车队"，24小时枕戈待旦，承担起转运医患、运送紧急药品物资，解决老百姓急需出行等棘手问题。抗疫车队自组建以来，先后处理求助工单173起，服务群众369人次，安全行车累计1.4万公里。2022年4月，操文斌荣登"江苏好人榜"。

13. 江苏好人　杨春景

杨春景，女，1986年出生，中共党员，鼓楼区牌楼街道水云间社区党委书记、居委会主任。2022年3月28日，荆南小区发现阳性感染者，社区书记杨春景第一时间做出响应，迅速组织人力封控病例所在楼栋，有序摸底、调配物资、做好（次）密接转运工作，及时解决居民求助。23天的时间里，她有序组织了18轮全员核酸检测，全力保障了1897名封控区居民的生活起居，帮助1位孕妇、1位急病老人紧急送医，6位化疗及透析患者及时就医，为152个家庭送去应急药品，为35名"刚需"老人每日上门送餐……作为小区24小时的守护者，她用坚毅和勇气扛起高压力、高强度的防疫工作，以责任、坚持和理解共同汇聚起守护家园的强大力量。2022年4月，杨春景荣登"江苏好人榜"。

14. 江苏好人　张诗浩

张诗浩，女，1980年出生，鼓楼区环城街道煤港社区党委书记。2022年3月28日新冠肺炎疫情发生以来，环城社区陆续增设3个封控区、3个管控区，涉及居民1500余户。时任环城社区党委书记的张诗浩每天挨家挨户上门通知居民、统计信息、发放物资，通常每天要接打200多个电话、走三四万步。4月3日上午，连续奋战6昼夜的张诗浩因体力不支晕倒在疫情防控一线，醒来后依然牵挂着封控区的工作。2022年5月，张诗浩荣登"江苏好人榜"。

7.3.2　艺术名家

萧龙士（1889年—1990年），徐州府萧县人，原名品一，字翰云，斋名墨趣斋，堂号百寿堂，早年毕业于上海美术专科学校（南京艺术学院），是中国现当代杰出的书画艺术家和美术教育家。萧龙士与一代大家李可染、李苦禅、许麟庐情逾手足，书画风格上承扬州八怪、吴昌硕、齐白石，下启江淮大写意画派。擅画竹、梅、菊、松、兰草、荷花、牡丹、雁来红等题材，融南吴北齐画风于一体，技艺精湛，画风儒雅酣畅，质朴淳厚。先后任中国美术家协会安徽分会名誉主席、安徽省书画院名誉院长，中国民盟盟员、省文史馆馆员、省人大代表和省政协常委。著有画集《萧龙士画集》《萧龙士蕙兰册》《萧龙士百寿画集》《萧龙士百寿纪念集》等。

萧龙士

萧龙士曾在徐州市（含鼓楼区）工作和生活了半个多世纪，他题写的"徐州爱我，我爱徐州"的书法，表达了他对徐州真挚的情感。为了弘扬萧龙士为中国画艺术作出的贡献，徐州市人民政府委托鼓楼区人民政府筹建了"萧龙士艺术馆"，以展示和纪念他在书画艺术上的重大成就、在人格方面的崇高品德。

萧一山（1902年—1978年），中国历史学家，江苏徐州人，原名桂森，号非宇，字一山，以字行。一生专治清史，有"清史研究第一人"之称。

萧一山

萧一山19岁时由山西大学预科考入北京大学，受教于梁启超，得窥治学门径，立志以新方法为中国史学开拓新境界。他在清史研究方面的主要贡献：一是写出了一部规模宏大、包罗万象的《清代通史》，梁启超、李大钊、朱希祖等为之作序，被誉为"奇人"。二是他搜罗了不少有关太平天国及秘密会党的史料，编成《太平天国丛书》《太平天国诏谕》《太平天国书翰》《中国近代秘密社会史料》等书。20世纪30年代中，萧一山哀于国势日蹙，积极提倡"经世致用"之学，企图挽救国家。他发起成立经世学社，刊印了《经世半月刊》《经世季刊》及《经世丛书》等书。

人们将萧一山与孟森并称为中国清史研究的两大奠基者，又将他与简又文、郭廷以并称当代著名研究太平天国史专家。

李可染（1907年—1989年），原名李永顺，室名师牛堂，江苏徐州人，美术教育家，中国山水画一代宗师。13岁师从乡贤钱食芝学画，后入上海美术专科学校、杭州国立艺术院学习，后参加"一八艺社"。抗战时期从事抗日救亡宣传工作。李可染深受潘天寿、林风眠的影响，师从齐白石、黄宾虹，曾在徐州艺专、徐州民众教育馆（在鼓楼区境内）、重庆国立艺专、国立北平艺专任教，并长期执教于中央美术学院，曾任中国美术家协会副主席、中国画研究院院长等职，有《李可染画集》等。李可染擅山水、重写生，借鉴西画的明暗处理手法，以鲜明的时代精神和艺术个性，促进了中国传统绘画的嬗变与升华。

▍李可染

马可（1918年—1976年），徐州市鼓楼区人，中国作曲家、音乐学家。早年在河南大学化学系学习，抗战爆发后，曾参加"一二·九"运动及抗日救亡歌咏活动。1939年，马可赴延安，进入鲁迅艺术学院。解放战争时期，马可在东北解放区从事音乐活动。建国后，马可致力于戏曲音乐研究，并任中国音乐学院副院长兼中国歌剧舞剧院院长等职。1945年，马可参加了新歌剧《白毛女》的音乐创作，对中国新歌剧的创作和发展做出了重要贡献。马可著有《中国民间音乐讲话》《冼星海传》等，被誉为人民音乐家、现代作曲家、音乐理论家和时代歌魂。

马可

7.3.3 教育名师

于永正（1940年—2017年），当代儿童教育家、全国著名特级教师、国家有突出贡献的专家，享受国务院特殊津贴，教育部跨世纪园丁工程推出的首位名师，先后获得首届国家级基础教育教学成果一等奖、全国五一劳动奖章、江苏省教学成果特等奖等。一生著

于永正

述甚丰,发表论文近300篇,出版专著14本。其中,《我的为师之道:做一名学生喜欢的教师》一书已进行了20余次印刷,先后提出了"言语交际""五重教学"等教学主张,形成了独树一帜的"儿童的语文"教育思想。

曹凤举,鼓楼区民主路小学科学教师,有小学高级教师职称。他从事科学教学工作兢兢业业、勤勉有道,注重培养学生的人格、素质,形成了特有的教学风格,曾获"全国模范教师""江苏省先进工作者""徐州市劳动模范""徐州好人""鼓楼榜样"等称号,被教育部教材中心聘为科学新教材评审专家。

曹凤举

刘杰,鼓楼区大马路小学教师,正高级教师,一直担任小学语文教师和班主任。是江苏省师范大学小学教育硕士研究生实践导师、江苏省劳模工匠讲师团成员。主持并参与了国家级省级课题和前瞻项目,发表国家级省市级论文120余篇。先后被评为"国家级万人计划教学名师""全国模范教师""全国优秀班主任""江

刘杰

苏省特级教师""江苏省劳动模范""苏教名家培养对象",所带班级被授予"江苏省优秀少先队集体",领衔的名师工作室被授予"江苏省示范性劳模工匠人才创新工作室"。

7.3.4 体育健将

张雨霏,女,1998年出生,鼓楼区人,中国游泳队队员。她出生于体育世家,母亲原是游泳运动员,现为徐州市民主路小学体育老师,父亲是游泳教练。张雨霏3岁"下水",5岁在徐州市游泳队接受正规训练。刚开始训练,张雨霏哭了半年多。身为专业游泳运动员的母亲很心疼,但还是鼓励她坚持下来。家庭的熏陶加上自身天赋出众,张雨霏很快就从同龄人中脱颖而出——年仅12岁的她就在2010年江苏省第十七届省运会上收获2金3银1铜,并进入省队,成为省队年龄最小的队员。之后3年间,她就完成了从省队到国家队的飞跃。

张雨霏

2020年东京奥运会,张雨霏收获2金2银,分别以女子200米蝶泳金牌并刷新奥运会纪录、女子4×200米自由泳接力冠军并打破世界纪录、女子100米蝶泳银牌、男女混合4×100米泳接力银牌,创造了奥运会徐州籍运动员夺得金牌奖牌数量的最高纪录。她也是此次中国代表团获奖牌最多、金牌数并列第一多的运动员。张雨霏是徐州体育史上首位获得夏季奥运会个人项目金牌的运动员。东京奥运会上，张雨霏在9天时间里参加了6个项目13场比赛，是中国代表团参赛项目最多的运动员，被誉为最忙"铁人"和奥运"劳模"。

不仅竞赛成绩出色，张雨霏在这届奥运会上弘扬了奥林匹克精神和中华体育精神，以自信、开放、阳光的态度展现了中国人的精神风貌，带领中国游泳队实现了新的历史性突破。

张雨霏与母校徐州市民主路小学学生

杨影，1977年出生于鼓楼区，6岁起学打乒乓球，师从著名乒乓球教练鹿传志老师。1988年，杨影进入江苏省集训队。1990年，在全国锦标赛上，13岁的杨影2∶0战胜邓亚萍。这一战使她一举成名。1993年，杨影进入国家队，成为一线球员，代表国家队多次获得世界大赛冠军。2008年，杨影入选"中国奥运报道主持人国家队"，担任乒乓球项目解说员。

主要成绩：1994年第30届南斯拉夫乒乓球公开赛女子单打比赛冠军、女子双打比赛亚军，1995年第4届世界杯女团冠军，1997年第44届世乒赛女团、女双冠军，1998年第13届亚运会女团冠军，1999年第45届世乒赛女双冠军，2000年第27届奥运会女双亚军，2001年世乒赛混双冠军、国际乒联巡回赛总决赛女双冠军，2001年第46届世乒赛女团、混双冠军，2001年第9届全运会混双冠军，2002年大阪世乒赛女团冠军。

| 杨影

阎森，1975年出生于徐州市鼓楼区，1983年开始学打乒乓球，师从著名乒乓球教练鹿传志老师。1988年，阎森进入江苏省队。1994年，阎森进入国家队，成为一线球员，代表国家队多次获得世界大赛冠军。2006年阎森出任中国女子乒乓球队教练。

主要成绩：1996年法国公开赛男双冠军、国际乒联总决赛男双冠军，1997年第44届世乒赛男单第三名，1998年亚运会男团冠军、亚锦赛男团冠军、卡塔尔公开赛男双冠军及总决赛男双冠军，1999年第45届世乒赛男双亚军、混双第五、中国公开赛男双冠军，2000年奥运会男双冠军、世界男子俱乐部团体冠军、中国公开赛男双冠军及总决赛男双冠军，2001年第46届世乒赛男双冠军、国际乒联职业巡回赛总决赛男双冠军、瑞典及中国公开赛男双冠军，2002年卡塔尔公开赛男双冠军、亚运会男团冠军、多哈公开赛男双冠军，2003年第47届世乒赛男双冠军，2004年日本公开赛男双冠军，2005年第48届世乒赛混双第三名、男双第三名。

▌闫森

芈昱廷，1996年出生，徐州鼓楼区人，11岁成为中国最年轻的职业棋手，12岁获世少赛青年组亚军和首届全国智运会围棋青少年组冠军，2011年，取得全国围棋甲级联赛九连胜，17岁升为职业九段。2013年，芈昱廷获得首届MLILY梦百合杯世界围棋公开赛冠军。芈昱廷成为中国围棋史上第13位世界冠军，江苏围棋界首位世界冠军。这也是中国棋手第24次夺得世界冠军。

第七章 人文荟萃

芈昱廷

第八章

大城小志

大美鼓楼

作为建城2600多年文化名城徐州的主城区，鼓楼区的变更、消长具有鲜明的地方特点，记载着沧桑历史风云、城池市廛景象、百姓喜怒哀乐，蕴藏着生动丰富的史料资源。漫步在鼓楼区，可以时时见到充满历史韵味的古建筑，亦可以随时体验现代生活的时尚和便利。那些雾气氤氲的街头、人声鼎沸的市场、回味无穷的珍馐美馔、令人心醉的民俗，一个个极具代表性的文化符号，体现了大美鼓楼的神韵，更是一座城市难以磨灭的记忆。

8.1 鼓楼记忆

8.1.1 龟山民博馆

龟山民博馆位于鼓楼区北部，烽火硝烟的古战场九里山北麓、闻名遐迩的龟山汉墓东侧，是龟山民博文化园的重要组成部分。龟山民

第八章 大城小志

▍龟山民博馆

博馆的建筑总面积为13579平方米，展厅面积为5442平方米，分地上二层、地下一层，大小展厅13个。作为鼓楼区的综合类博物馆，自2014年9月开馆以来，该馆发挥着"龙头"引领作用。该馆有配套的展厅、库房、多功能会议洽谈室和地下停车场，成为淮海经济区较大的民间藏品展示、交流、交易平台。

龟山民博馆

8.1.2　圣旨博物馆

　　圣旨博物馆坐落在风景秀丽的九里山两汉文化旅游区，由主陈列楼和点石园两个展区组成。圣旨博物馆中现有藏品3万余件（套），展出各类珍贵文物5000余件（套）。点石园内陈列有从全国各地征集的石雕、木雕、砖雕等大型文物及各类碑碣2000余件。

圣旨博物馆内收藏了数十道明清圣旨——有从大清开国皇帝顺治到末代皇帝溥仪十代皇帝的圣旨,承接不辍,堪称中华首家。此外,馆内还陈列了科举考试较为详细的资料:有考秀才、举人的试题,试卷,朱卷;有考进士、状元的殿试卷;有科举考试时考生作弊使用的丝织夹带;有两册刻印精奇绝妙、小到只有3.4厘米×5厘米的微型《四书五经》,却书写了近20万字,每字大小只有1毫米,令人叹为观止。同时,馆内还藏有清道光年间印制的科场考试条例录要——详尽列出科考的规章制度以及从顺治至道光年间违章考生被处罚的典型事例。另有清代进士、状元等书法楹联与匾额一千余

▍圣旨博物馆

件以及雕刻精细的圣旨匾十余件，明清龙袍及宫廷、官宦、民俗诸色用品千余件。这些藏品除有较高的观赏价值外，也为学术研究提供了极为丰富的参考资料，令观众有饱览历史风云、满目生辉、兴趣盎然之感。

8.1.3 古陶博物馆

古陶博物馆是我国首座专门以汉代陶艺为载体的民营风景园林式博物馆，坐落在鼓楼区九里山西路的大孤山。馆内藏品丰富，品种繁多，包括古代陶瓷、奇石、汉画像石、瓷器等3000余件，其中汉代陶器说唱俑、乐舞俑、车马最为精彩。馆藏中三国、晋代及南

古陶博物馆

古陶博物馆

北朝时期的高古瓷数量众多，其中一件南北朝时期的"莲花尊"被专家鉴定为国家一级文物（全国仅国家博物馆还收藏了一件），极为珍贵。馆内还藏有高古青瓷，唐、宋、明代三彩，古石雕，奇石千余件。其中，几匹高度在1米左右的陶马造型古朴灵动，韵味十足。

8.1.4 家风文化馆

徐州市首个社区家风文化馆位于鼓楼区丰财街道三角线社区。在这里，市民可以饱览古今名人家训、社区家风典范，领略良好家风的魅力。

三角线社区家风文化馆占地300多平方米，以时间为轴、人物为线，设置有古代家风家训、革命家家风、习近平总书记谈家风、彭城好人风采、社区好家风等近10个展区，并利用视频和触摸屏等高科技元素，让市民在寓教于乐中学习、了解优秀家风家训。

家风文化馆

家风文化馆

8.1.5 下淀记忆馆

下淀记忆馆位于下淀社区党群服务中心二楼，馆中陈列的每一个老物件，都是社区居民捐献的。馆中收藏有20世纪五六十年代干农活、干家务所需的物品，也有20世纪70年代的电视机、录音机，还有永久牌自行车、幸福牌摩托车，以及一张张记录时代变迁的照片。可以说，每一件实物都是一段耐人寻味的记忆。

▎下淀记忆馆

馆内不仅墙上的照片丰富多彩，摆在地上和展柜里的老物件也是现在年轻人难得一见的"稀罕物"：汉代石碑、支前用的独轮车、耕种用的耩子、生活用的风箱、四位数拨号电话、改革开放后下淀村第一部"大哥大"、耗油惊人的摩托车等生产生活用品；还有橱柜里陈列的毛主席纪念章、计划经济年代的布票、粮油票证等。这里每一件物品都留存着岁月的痕迹。

下淀记忆馆还原了下淀村的历史风貌，体现了生命的延续、社会的变迁，是对一个村落历史的真实写照和理性总结。

下淀记忆馆

8.2 鼓楼味道

徐州是烹饪鼻祖彭祖及彭祖文化的发祥地，亦是中国烹饪文化的发源地，被誉为"中华食都"。自古以来，徐州钟灵毓秀、人杰地灵，养生文化、饮食文化源远流长、享誉华夏。徐州菜肴是中华饮食文化的一个重要流派。从地理位置上讲，徐州靠东朝西，不南不北。这里的饮食习惯，兼容并蓄、风味多样——所谓北面南米、北咸南甜、西辣东酸、北酒南茶的地方差异，到这儿全部融合在一起了。徐州的菜肴以鲜为主，兼含五味，"华而实""丽而洁"，清而不淡，浓却不浊，擅爆、烧、炸、烹、熘、蒸等手法，用料极广，注重食疗，有浓郁的独特风味。

8.2.1 市井食风

1. 烙馍

烙馍是徐州著名的小吃。在徐州众多的面食中，这是一种看似极为平常却又颇为独特的，也是令徐州人百吃不厌的面食。烙馍吃起来柔韧、筋软、有嚼头，既抗饿，又有健齿作用。

烙馍既不同于北方的单饼，也不同于很多地方都有的煎饼。烙馍作为一种徐州特有的面食，已有2000多年的历史。相传楚汉相争时，刘邦率兵与项羽决战于九里山下。时值隆冬，军队很难埋锅做饭，如何让将士们吃得方便、及时，又能吃得香、有营养，成了汉王刘邦的一大难题。刘邦苦思冥想了大半夜，猛地眼前一亮，想起了自己小时候最爱吃的美食——烙馍卷馓子。想到这里，刘邦大喜。天不亮，他就下令伙夫们支锅炸馓子，并让人把周边的小媳妇、老大娘召集起来烙烙馍。两种

烙馍

烙馍

食品都做好了，刘邦迫不及待地卷了一卷。一尝，还是当年那个香劲！便吩咐立即送给前方的战士们食用。

本来，在九里山的大决战中，由于"霸王"项羽骁勇善战，汉军虽"十面埋伏"，也只打了个旗鼓相当，一时难以取胜。自打吃了这烙馍卷馓子，汉军将士一个个精神焕发，战斗力大增，很快就打垮了楚军的主力，逼得项羽败走垓下，后又自刎于乌江。

作为一种主食，徐州人发挥特有的灵气和丰富的想象，把烙馍泡在汤里吃，像喝面叶一样；卷油条吃，卷馓子吃，大凡炒菜也都卷着吃；也可以在两三个烙馍之间放上油、盐、葱花、鸡蛋或者青菜吃……一道名曰"烙馍卷烙馍丝"的小吃，更是吊足了人们的胃口——小吃上来后，盘子里一半是普通的烙馍，一半是炸得酥脆金黄的烙馍丝，卷着吃别有一番风味。

2. 馓子

馓子，又称食馓、捻具、寒具、麻物子，是一种油炸食品，香脆精美。北方馓子以麦面为主料，南方馓子多以米面为主料。馓子色泽黄亮，层叠陈列，轻巧美观，干吃香脆可口，泡过牛奶或豆浆后入口即化。

徐州人对馓子可谓情有独钟，吃馓子的历史更是由来已久。馓子的形状各异，有长形的、圆形的，但是最常见的还是蝴蝶形状的。徐州的蝴蝶馓子以其香脆、咸淡适中、馓条纤细、入口即碎的特点，颇受人们喜爱。徐州的蝴蝶馓子外形美观，口感颇佳，苏东坡在徐州任职期间就特别喜爱这种馓子，他在《寒具诗》中写道："纤手搓成玉数寻，碧油煎出嫩黄深。夜来春睡无轻重，压扁佳人缠臂金。"（"寒具"是两汉时期对馓子的别称。）

馓子

制作馓子要用上好的面粉，加少许食盐用水揉成面坯，然后饧面、切条，再搓成条状，环绕排满盆中，上面洒抹一些食用油。待面条在盆中回透，弹拉力恰到好处时，将面条绕在手上，用手来回抻开，撑、绷成粗细均匀一致的馓子条，然后放入油锅，用筷子轻轻翻动，掌握火候

馓子

煎熬上色，炸成大把或小把金黄焦脆的馓子。

3. 八股油条

八股油条是徐州著名的地方小吃，以水面团制条，八条合拢，炸制而成。成品色泽金黄、酥香味美，脆香可口，成形别致，在徐州已有100多年历史。2000年，被评为"中华名小吃"。

| 八股油条

4. 饣它汤、辣汤

"饣它汤"原名"雉羹"，传说是彭祖发明的，选用母鸡、云骨和麦仁等一起熬煮，味道鲜美营养丰富。传说乾隆偶然观赏市井，品尝到饣它汤的美味。便问厨师："是啥汤？"答曰："就是饣它汤。"乾隆又问厨师："啥汤怎样写的？"厨师文化不高，顿时傻了眼，用手指比划着"食"字右边加个"它"字，即今天沿用的"饣它"字。乾隆不认识这个字，看在彭祖的面子上也就接受了这个自造的汉字，而且高兴地封徐州饣它汤为"天下第一羹"。

辣汤是徐州市的一道特色传统小吃，在徐州街边的小店随处可见。徐州的辣汤是用鸡、圆骨、蹄髈熬成的。熬的时候除了加葱之外，还要加上大量的生姜。这个汤的味道微辣，辣味很鲜。把洗好的面筋在温水中醒透，让原来海绵状的面筋表面变得光滑柔软，然后掐成小块张开下锅，同时用筷子顺时针搅动，这时面筋就会被甩成片状，如鸡蛋絮，

饣它汤

再加上鳝鱼丝、盐和适量的黑胡椒。辣汤不是胡辣汤，没有海带，没有豆腐丝，看似内容并不丰富，却是高汤熬制的精华。辣汤有冬季暖身、夏季增进食欲的作用。

"饣它汤"与辣汤有很大的区别。比如，"饣它汤"除了用母鸡汤，还需要加云骨、麦仁；而辣汤则不需要麦仁，需要鳝鱼丝，更需要大量的胡椒粉与姜丝。但是，这两种汤都是徐州老百姓的最爱。

5. 米线

米线，又称米丝或米面，是我国有悠久历史的传统食品。古时称米线为"糁"，其本义为精米，引申为"精制食品"。米线在全国拥有众多的喜好者，在饮食文化中地位很独特，而北派米线则以徐州

米线

为最。

  早在20世纪20年代，鼓楼区有家王姓人家精通米线制作技艺，并乐善好施，常与邻人分享自家的米线。1921年，王家传人王廷山在黄楼附近摆摊设点，开始造福更多的人。左邻右舍常常光顾，摊点上经常忙不过来。随着年龄增高，王廷山将此技艺传给了其弟子王会文。1944年，王会文在权谨牌坊北隔壁开店。至1986年，王会文传艺于其侄王元福，并在堤北路开店。王元福一直秉承师训，坚持传统制作技艺，用心经营。开业后生意兴隆，很多食客慕名而来，都是为了品尝地道的老传统口味。一时间，人们都相约到"堤北"去。1987年，王元福之子王斌正式接手堤北店，将店更名为"老堤北米线"。

  通过不断努力，老堤北米线获得了社会许多有识之士和相关部门的认可，2009年被评为"特色名小吃"，2014年被评为"非物质文化遗产遗传技艺"，2016年在全国已经发展了400余家门店，2020年被评为"老字号"，现为中华人民共和国商务部商业特许经营备案企业。老堤北米线在徐州乃至周边地区都拥有良好的口碑。

把子肉

6. 把子肉

  把子肉是徐州传统名吃，也是中华名小吃之一。把子肉是把用线捆扎的方块或长条五花肉，加酱或酱油炖煮而成。其特点是：入口即化，香而不腻。徐州人一般还加其他辅菜来搭配炖煮，如四喜肉丸、兰花干、海带结、面筋、豆筋、豆皮、腐竹、腐衣、素鸡片、虎皮鸡蛋、黄花菜、小青菜、豆角、香肠、排骨、肘子、鸡腿等。

7. 蛙鱼

蛙鱼是一道以淀粉为主要食材，以榨菜、花生碎为配材制作的盛行于徐州的地方小吃。

制作蛙鱼的原料，现在大多是山芋淀粉，也有用绿豆淀粉或豌豆淀粉的。将淀粉用水稀释搅开，倒入烧开的沸水中，淀粉受热膨胀，会糊化成淀粉糊，然后趁热倒入钻有孔眼的盆中（将盆架在盛有冷开水的大盆上），这样淀粉糊就从孔眼流出来，落在冷开水中，冷却后形似蝌蚪。食时加入辣椒酱、蒜泥，再加入徐州特产的萝卜、榨菜，可谓酸、咸、香、辣各种风味俱全，非常可口。

蛙鱼

8.2.2 味道江湖

1. 鸳鸯鸡

鸳鸯鸡是江苏徐州传统的名菜。鸳鸯鸡酥香、醇厚、色泽艳丽、形如鸳鸯，寓意深长，为人们所喜爱。鸳鸯鸡得名于一个美丽

大美鼓楼

鸳鸯鸡

的传说：相传秦末有位美人虞姬，姿容绝代，博学多才，因避秦乱来到古吴，立志非英雄不嫁。一日见项羽重瞳炯耀，仪表非凡，心窃慕之，遂禀其父邀项羽作客，虞姬亲做一菜为"鸳鸯鸡"。其父会意，当面许亲，又资助项羽起兵反秦。秦灭亡后，项羽自命为西楚霸王，建都彭城，并在西楚故宫中用"鸳鸯鸡"大宴各路诸侯。这"鸳鸯鸡"也就在徐州流传下来。

2. 羊方藏鱼

羊方藏鱼在中国传统古典菜肴中被称为第一名菜。相传，4300年前，彭祖的小儿子夕丁喜捕鱼，但彭祖恐其溺水而坚决不允。一日夕丁捉到

羊方藏鱼

一条鱼，恐父亲责备，央母亲将鱼藏入正在烹煮的羊肉罐内。彭祖品尝羊肉时感到异常鲜美，当弄清原因后如法炮制，"羊方藏鱼"这一"天下第一名菜"流传至今。古汉字"鲜"字，也出自"羊方

藏鱼"这道名菜。

"羊方藏鱼"的做法是将鱼置于割开的大块羊肉中，加上调料同烹，蒸炖皆可，其味鲜美无比。因为鱼鲜、羊鲜合成一体，其味更鲜。羊肉酥烂味香，内藏鱼肉鲜嫩。

3. 霸王别姬

徐州人民为纪念英雄项羽，并怀念那位心系国运、大义凛然的绝代佳人虞姬，创制了霸王别姬这道名菜。这道名菜借鸡、鳖形象的烘托，使霸王别姬这一历史题材，含义委婉，意境甚妙。解放后，毛泽东、刘少奇、陈毅等党和国家领导同志来徐州视察工作，都品尝过这道名菜，并给予赞扬。这道菜经世代相传至今，乃徐州名馔，近年风靡一时，成为喜庆宴会上不可缺少的大菜。

霸王别姬

4. 东坡回赠肉

东坡回赠肉是一道以猪肉为主要原料的徐州传统名菜。相传，东坡回赠肉为苏东坡在徐州任职时所创。据史料记载：1077年，苏轼任徐州知州。刚上任不到四个月，苏轼就碰上了黄河决口这种大事。洪水顺泗水直奔徐州城下，水位猛涨，眼看城池和黎民百姓处在危急之中。身为徐州父母官的苏轼，不顾个人安危，身先士卒，亲荷畚锸，率领禁军武卫营，和全城百姓抗洪筑堤保城。经

东坡回赠肉

过70多个昼夜的艰苦奋战，终于保住了徐州城和黎民百姓的生命、财产。

抗洪胜利后，城里百姓为了感谢这位与民朝夕相处、甘苦与共的"父母官"，纷纷杀猪宰羊，敲锣打鼓地送到知州衙门，赠给苏轼以表心意。而"廉洁"的苏轼并未拒绝，一一如数收下，并亲自指点厨师把这些送来的猪、羊肉，分别烹制成熟，回赠给参加抗洪的黎民百姓。故后人称之为"东坡回赠肉"。百姓食后，都觉得此肉肥而不腻、酥香美味，无不叫好。据民国初年的《大彭烹事录》云："狂涛淫雨侵彭楼，昼夜辛劳苏知州。敬献三牲黎之意，东坡烹来回赠肉。"这就是此菜的来源出处。

历代文人为回赠肉所题的诗不胜枚举。其烹肉之法，后经厨师不断改进，精益求精，使这一传统美肴更臻完美。

东坡的烹肉之法，在其《炖肉歌》中可见："慢着火，少着水，柴火罨焰烟不起。待它自熟莫催火，火候足时它自美。"

5. 地锅鸡

谈到徐州的美食，地锅鸡肯定是绕不开的。你看大街小巷中在火热营业中的地锅鸡店，就可以知道地锅鸡在徐州是多么受人欢迎。地锅鸡源于微山湖渔民的一种鸡肉的做法——一般在炖鸡的同时，要在锅的周围都贴上一圈锅饼，饼借肉香、肉借饼香，相得益彰，味道香美！

地锅鸡

6. 烧烤

徐州人对烧烤有一种特殊的执念，这种执念造就了徐州2000年的烧烤文化。很多人都说徐州才是烧烤的源头，是烧烤的发源地。徐州汉画像石馆的"拓片"，可以直接佐证烧烤起源于徐州。

徐州烧烤的特色在于既能得老练烧烤师傅的细心烤制，又能"自己动手丰衣足食"。师傅将烤得七八分熟的串串放在一个小烤

徐州汉画像石馆关于烧烤的"拓片"

炉上，碟子里盛满孜然粉、辣椒面和盐，摆在食客面前，吃多少料就加多少，全凭个人喜好。

7. 伏羊节

彭祖时代，徐州地区普遍有食羊的习俗。据《汉书》记载，皇帝"伏日，诏赐从官肉"。当时的"官肉"即为"三牲"之首的羊肉，伏天皇帝与从臣们共享羊肉已是确信无疑了。不惟宫中吃伏羊，《汉书》中亦有"田家作苦，岁时伏腊，烹羊炰羔，斗酒自劳"的记载。宋朝之前，宫廷宴席上大都以羊肉为主。从汉字构造看，从"羊大为美"的审美判断，到"鱼羊为鲜"的美食追求，再到"食羊为养"的养生理念，无不隐含着先人对羊肉美食的追求和羊肉烹饪的感悟。

烧烤

"伏羊"，即入伏以后的羊肉。在伏天吃羊肉对身体是以热制热，排汗排毒，将冬春之毒、湿气祛除，是以食为疗的大创举，民间一直有"伏羊一碗汤，不用神医开药方"的说法。

彭祖伏羊节是在具有彭祖文化内涵的

伏羊节

徐州民间食俗的基础上总结、创制的节庆，已成为徐州饮食文化的代表，被授予江苏省级非物质文化遗产。

8.2.3 馈赠佳品

1. 蜜三刀

蜜三刀是徐州特产糕点八大样之一，具有浆亮不粘，味道香甜绵软的特点。

相传苏东坡在徐州任知州时，与云龙山上的隐士张山人过从甚密，常常一起饮

蜜三刀

酒相会。一天，苏东坡与张山人在放鹤亭上饮酒赋诗。苏东坡抽出一把新得的宝刀，在饮鹤泉井栏旁的青石上试刀，连砍三刀，在大青石上留下了三道深深的刀痕，苏东坡十分高兴。正在这时，侍从送来茶食糕点。有一种新做的蜜制糕点十分可口，只是尚无名称，众友人请苏东坡为点心起名，他见糕点表面亦有三道浮切的刀痕，随口答："蜜三刀是也。"

后来，经苏东坡亲自起名的"蜜三刀"名噪一时，徐州城里的茶食店、糕点坊争相制作。经过数百年的流传，徐州蜜三刀的配方、工艺已炉火纯青。大约出于对苏东坡的崇敬之情，徐州人对徐州蜜三刀也情有独钟。清朝乾隆皇帝三下江南路过徐州的时候，指名徐州府衙派人去买百年老店"泰康"号即现在的徐州市泰康回民

食品店制的蜜三刀。传说乾隆皇帝吃过蜜三刀后"龙颜大悦",御笔手书:"徐州一绝,钦定贡。"

2. 蜜制蜂糕

蜜制蜂糕可直接食用,也可开水冲饮,是止咳润肺的滋补佳品,老年人尤为喜爱。

制做蜜制蜂糕需采用上等面粉洗成面筋,擀成片状小块,再用洁净的素油炸成蜂窝状,加适量蜂蜜、核桃仁、南桂、橘饼等佐料,最后以麻油拌和,上盖绵白糖,即为成品。蜜制蜂糕为长方形,表面为白色,底部呈金黄色,内部呈蜂窝状,质地酥松,香脆可口,甜而不腻,别具风味。年老体弱者每日早晚用开水冲食一次,能止咳润肺、滋身壮体。蜜制蜂糕对治疗哮喘、支气管炎等老年性疾病有良好的辅助作用。因其具有润肠通便和久服不泻的特点,也是慢性肠炎、消化功能紊乱症患者的滋补佳品。

据传说,唐朝贞观年间,礼部尚书张建封任徐州武宁里节度使时,宠妾关盼盼烹饪女红、音乐歌舞无所不能,尤其擅用面筋、蜂蜜、麻油、果料制作一种蜜制蜂糕日常食用,以保持红颜不老、姿色动人,深得张尚书的喜爱。张建封特为关盼盼独建一楼,名曰"燕子楼"。后来,张建封病故后,关盼盼独居燕子楼10多年,整日闭阁焚香,坐诵佛经。其侍

蜜制蜂糕

女将蜜制蜂糕的制法传至民间，徐州百姓争相仿制。唐宋以来，文人墨客白居易、苏东坡、文天祥都到过徐州"燕子楼"，并题诗吟咏，燕子楼声名大振，蜜制蜂糕因而也成为历经千年而不衰的特色糕点，被列为古城徐州的八大名点之首。

3. 小孩酥

小孩酥，又名小儿酥、小儿酥糖，是徐州地方传统名点，起源于清朝乾隆年间，其特点是香、酥、甜，是老少皆宜的佳品。

小孩酥

相传楚汉时期，虞姬爱吃甜食，西楚霸王项羽为博得红颜一笑，四处寻找甜食。一日偶遇一老汉，老汉奉送一物，此物入口即酥，甜而不腻，虞姬吃后开怀大笑，赞不绝口，后来此物被封为"贡糖"，也就是今天的"小孩酥"。

4. 桂花山楂糕

桂花山楂糕

桂花山楂糕是徐州传统名点，以山楂、白糖和桂花酱制成。

据徐州县志载："士人磨楂实为糜，和以饴，曰楂糕。"《徐州文史资料》云："红如朱砂透如晶，色似珊瑚质更莹。金桂飘香果酸酽，味回津液两颊生。"

山楂是一种营养丰富的食物，山楂中有机酸和维生素C的含量较高，有健脾开胃、消食化滞、降血压和胆固醇、软化血管的作用，还有消除体内脂肪、减少脂肪吸收的功效。用山楂做成的桂花山楂糕，色泽鲜艳，酸酸甜甜，味道清新，是一种轻脂健康的小零食。

5. 牛蒡酱

牛蒡享有"蔬菜之王"的美誉，它是一种营养价值极高的保健产品，全身是宝，富含菊糖、纤维素、蛋白质、钙、磷、铁等人体所需要的多种矿物质、氨基

牛蒡酱

酸，其中所含胡萝卜素比胡萝卜高280倍。它能防止便秘，降低胆固醇，对高血压和直肠癌有良好的预防作用。

牛蒡酱是在不破坏牛蒡所含的牛蒡甙、纤维素、生物类黄酮等营养基础上，添加一定的原辅料制作而成的风味产品，更具营养，更易吸收，更具口感。因其可以清肠排毒，带走"体内垃圾"，能起到养颜减肥的作用，因而成为上班族、年轻女性、学生及中老年人喜爱的佐餐食品。

6. 羊角蜜

羊角蜜又叫梅豆角果子、蜜豆角，是一种白色半月形的小果子，外壳酥脆，里面是麦芽糖。因为它的形状极像绵羊头顶上的两

第八章　大城小志

只犄角，又加上里面是蜂蜜加糖等原料调制的糖稀，味道香香甜甜，所以取名羊角蜜。

民间传说，西楚霸王项羽率军与汉王刘邦大战于九里山前，在人困马乏、饥渴难耐时，山上牧童用一只羊角盛满野蜂蜜，敬献给项羽。饮后，项羽顿觉神清气爽、愉悦无比。项羽大喜，把随身携带的镶满金银珠宝的佩剑送给了牧童。后来，军师范增命厨师用面粉制作成羊角形的点心，里面灌满蜂蜜、麦芽糖，成为西楚王宫里的一道名点。

羊角蜜

8.3　鼓楼匠心

鼓楼区的文明历史已延续了几千年，文化遗存丰厚。几千年来，两汉文化、齐鲁文化、荆楚文化、吴越文化在这里碰撞、融合、演变与发展，积淀成了以楚汉文化为基础的区域性特色文化。而今，彭祖文化、两汉文化、军事文化、书画文化等交相辉映，形成了徐州深厚、独特的文化底蕴和丰富的文化资源。这些文化瑰宝早已在鼓楼人民的日常生活中流传、继承和发扬，形成了一大批富有地方特色的民间技艺，继续造福社会。而这些文化遗产作为城市历史的见证，作为城市建设发展的资源，作为塑造城市特色的基础，既可以让鼓楼这个地方拥有独特而又悠久的记忆，也使其透露

· 199 ·

出古朴、典雅的文化韵致。

8.3.1 民间花灯

扎制花灯是我国民间传统手工技艺，也是中国传统艺术之一。据史料证实，早在1500多年前我国就出现了扎制花灯技艺。花灯，又名彩灯，是我国传统农业社会的文化产物，兼具实用功能与艺术特色。徐州作为汉文化的发源地，民间花灯不仅保留了传统的特色，还在造型设计、材料选择和扎制技巧上形成了具有浓厚地方特色的工艺风格。

徐州地区的花灯扎制技艺在内容上到处可见吉祥寓意和吉祥图案，给人以喜庆和祝福之意。它融合了群众的习俗，反映了人们对美好生活的向往和追求，因而在民间广泛流传，为人们喜闻乐见。民间花灯从工艺制作上大致分为普通类和高雅类两类。普通类大都取其形或取其意；高雅类则形神兼备、立意高远、惟妙惟肖、色彩丰富、细致华贵。

8.3.2 香包

徐州香包工艺起源于汉代。当时的香包是用高级锦绣制成的，内储茅香根茎或掺拌辛夷等香料。历经唐宋，到了明清时期，特别是清初，香包已成为爱情的信物了，而且作为佩饰盛行一时。经过数千年的发展演变，逐渐形成了具有地方特色的徐州香包工艺。明清时期，香包不再属于单纯的日用品，同时被赋予了人文价值。

香包工艺比较独特，尤以绣工精美见长。徐州香包图案繁多，生动活泼，既有民俗寓意的祝福吉祥图语，也有简洁夸张的花草纹

第八章　大城小志

案，色彩突出暖色调（大红色或橘黄色），显示出一种华丽之美，具有很高的工艺价值。同时，徐州香包兼具药用价值，这也是香包流传至今的一个重要原因。制包人根据祖传秘方，选取中药宝库中数十种散发自然芳香，又具有养气、调神功用的药材，经过特殊加工，制成香包的主要原料。

徐州鼓楼区有一大批制作香包的艺人，比较著

香包（张艳代表作品）

名的有井秋红、王振霞、杨雪梅、孟宪云、冯宪花、李清富、冯瑞珍等。她们的作品都曾在国家、省、市级的各类比赛中获奖。

8.3.3　剪纸

剪纸是一种传统民俗工艺，其形式大致可分为装饰剪纸（窗花、顶棚花、盆花、枕花、帐花、灯花等）、绣花纹样（鞋花样）、特种剪纸等。徐州剪纸取材丰富，内容广泛，有历史故事、民间传说、戏剧人物等类型的作品，也有以现实生活为主题、反映新时代精神风貌的剪纸作品。剪纸艺人用独特的艺术语言，对疏密关系进行大胆处理和把握——作品中有时会出现大面积的空白，有

鼓楼剪纸

时出其不意地镂出一些灵性的物象，画面朴实，简洁明快，保持了原生艺术的纯正品格。

徐州市鼓楼区黄楼街道彭校社区民艺剪纸队是一家注册成立的社区组织，经常开展各类剪纸活动，极大地丰富了社区居民的业余生活。

8.3.4 面塑

面塑也称捏面人，是一种制作简单但艺术性很高的传统民间工艺。它以面粉、糯米粉为主要原料，再加上色彩、石蜡、蜂蜜等成分，经过防裂防霉的处理，制成柔软的各色面团。细致、优美、精巧是鼓楼面塑工艺的特有风格。

面塑工艺真正始自何时已不可考，但从新疆吐鲁番阿斯塔那唐墓出土的面制人俑和小猪来推断，距今至少已有1340多年了。南宋《东京梦华录》中有记载："以油面糖蜜造如笑靥儿。"说明那时的面人都是能吃的，谓之"果食"。鼓楼面塑形成于清同治年间，已有150多年的历史。面塑题材多以中国古典四大名著、神话传说、历史故事、现代动画形象、花草、动物等为主。鼓楼面塑采用天然材料，使得面塑生动逼真、惟妙惟肖。

鼓楼面塑讲究色彩艳丽，红得鲜、绿得娇、白得净；人物各部位比例和人体比例基本相符，造型逼真、形象生动，具有较高的艺术价值和收藏价值。

8.3.5 糖画

糖画是一种传统民间工艺，以糖为材料来进行造型。所用的工具仅一勺一铲，糖料一般是红、白糖加上少许饴糖放在炉子上用温火熬制，熬到可以牵丝时即可。在绘制、造型时，艺人用小汤勺舀起熔化了的糖汁，在石板上飞快地来回浇铸，民间艺人的手上功夫是造型的关键。当造型完成后，艺人随即用小铲刀将糖画铲起，粘上竹签，一个糖画即已完成。

据考，糖画起源于明代的"糖丞相"。清代小说家褚人获的《坚瓠补集》里载，明俗每新祀神，"熔就糖"，印铸成各种动物及人物作为祀品。所铸人物"袍笏轩昂"，俨然文臣武将，故戏称为"糖丞相"。

到了清代，糖画更加流行，制作技艺日趋精妙，题材也更加广泛，多为龙、凤、鱼、猴等普通大众喜闻乐见的吉祥图案。《坚瓠补集》中有一首诗，记录了糖画盛行的情况："熔就糖霜丞相呼，宾筵排列势非孤；苏秦录我言甘也，林甫为人口蜜腹。霉雨还潮几屈膝，香风送暖得全肤；纸糊阁老寻常事，糖丞来年亦纸糊。"

徐州糖画的代表性传承人是鼓楼区的王桂安。

8.3.6 刺绣

刺绣，古代称为针绣，是用绣针引彩线，将设计的花纹在纺织品上刺绣运针，以绣迹构成花纹图案的一种工艺。徐州地区的民间刺绣大都以实用为主，很少作为商品出售。刺绣是检验女红技艺高低的重要标准，精美的绣品可受到人们的褒奖夸赞。

| 刺绣

后 记

在过去的岁月里，我们见证了徐州鼓楼区的发展变化。当下，鼓楼的发展已经进入了新的阶段。"城区向北、越变越美"，鼓楼区沿着中山北路，一路北扩。厚重的历史底蕴与崭新的时代机遇在这里彼此交融，迸发出前所未有的勃勃生机。鼓楼正以蝶变之姿，拥抱时代之变。

鼓楼之美，美在坚持创新转型发展。依托现代化立体交通网络，鼓楼区构建了现代商贸核心区、现代物流枢纽区、商务金融中心区、网络经济高新区。这里有淮海经济区最大的商业商务中心，是全市人流、物流、资金流的汇聚中心。

鼓楼之美，美在坚持开放共赢发展。鼓楼区以打造全国一流营商环境为目标，不断优化产业政策，通过"美好鼓楼，精治共造"社会治理创新集成改革，让百姓的安全感、公平感和幸福感不断提升，已成为人才创新创业的集聚高地，是徐州市最具发展活力和投资潜力的地区之一。

鼓楼之美，美在坚持绿色生态发展。山水有魂，草木有韵，鼓楼让千年楚汉文化与现代经济交相辉映，完成了从"一城煤灰半城土"到"岸绿景美产业兴"的华丽转身，让绿水青山真正变成金山银山。

鼓楼之美，美在坚持文明和谐发展。教育普惠共享、医养结合保障、棚户区改造完成……一个个关系百姓安居乐业政策的实施，让鼓楼的百姓绽放笑容。鼓楼，已成为一个你来到便不想离开的地方。

花开千树，鼓楼飘香。拥有悠久历史文化的鼓楼，正与时代同频共振，因时而兴，乘势而上。党的二十大擘画了实现中华民族伟大复兴的雄伟蓝图，作为徐州老城区的鼓楼区，也必将伴随徐州城市脉络的扩展，日益焕发出新的姿容。当前，一幅宏伟画卷正在鼓楼徐徐铺展，而如何记录这一宏伟的发展阶段，理所当然地落在我辈身上，正是基于这样的考虑，才有了这本《大美鼓楼》。我们希望用这本薄薄的书册留下鼓楼发展的历史剪影，也能借此文字与图影向世界展示鼓楼美好的未来。

本书在编纂过程中得到了鼓楼区各部委办局、街道办事处的配合，特别是鼓楼区委宣传部在本书的编纂过程中给予了大力支持。此外，本书也参考了一些已经出版和发表的专著、史志及相关文献，也引用了一些网站上的资料和图片，在此，对给予本书出版关心、支持的单位和个人表示深深的感谢。

限于编者的水平，书中肯定还有诸多不够严谨甚至错谬之处，恳请读者予以批评指正，希望能够在再版时进行补正。

张新科